이화유치원 역사 이야기

한국 유아교육의 산실

이화유치원 역사 이야기

• 이화여자대학교 사범대학 부속이화유치원 지음 •

이화여자대학교출판부

간행사

『이화유치원 역사 이야기』는 창립 100주년을 맞이하는 이화유치원이 한국 유아교육의 산실로서 발전해온 그동안의 역사를 되돌아보며, 앞으로 나아가야 할 새로운 역사의 방향을 설정하기 위해 집필되었습니다. 역사는 과거의 흔적을 정리해서 아는 것으로 끝나는 것이 아니라 현재 행동과 결정에 대한 근거가 되고 미래 비전의 토대가 됩니다. 따라서 이화유치원의 역사는 한국 유아교육 역사의 씨앗으로 앞으로 나아갈 미래를 제시해줄 것입니다.

이화유치원은 1914년에 설립된 한국인을 위한 한국 최초의 유치원입니다. 이는 당시 자선이나 사회사업을 목적으로 운영되었던 다른 유치원과는 달리, 최초로 전문가에 의해 유아교육이 실현되었다는 점에서 역사적으로 의미가 있습니다. 한국 유치원 역사의 첫 장을 장식한 이화유치원은 태동기 동안 정동과 신촌 원사에서 한국 대표 유치원으로서의 기틀을 다지고 놀이중심의 진보주의 교육을 시작했습니다. 당시 어머니들을 대상으로 운영되었던 자모회는 현재 유아교육기관에서 이루어지고 있는 부모교육의 효시가 되었습니다. 또한 1915년 유치원사범과가 설립되면서 한국 최초의 질 높은 유아교사 양성을 위한 실습기관으로서의 역할을 담당했습니다.

전문가에 의한 수준 높은 유아교육 체제를 갖춘 이화유치원은 확립기에 들어서 이화여자대학교 대강당 뒤쪽에 도약을 위한 새 터를 잡고, 사범대학 부속유치원으로서 유아교육현장에 모범적인 모델을 제시했습니다. 오늘날 유아교육기관 실내·외 환경 구성의 기본으로 여겨지는 흥미영역 구성은 이화유치원에서 최초로 시도된 것입니다. 교육과정 측면에서는 생활주제의 모태인 단원중심 교육을 정착시켜나가면서 국가수준 유아교육과정 수립을 위한 초석을 다져나갔습니다. 또한 어머니회가 중심이 되었던 부모교육은 부모회로 확장되면서 어머니뿐만 아니라 아버지교육의 중요성도 강조되었습니다.

이화유치원은 발전기에 접어들면서 보다 모범적인 최적의 교육시설을 신축하여 유아의 요구와 상황에 부응하는 융통성 있는 교육을 실천해나갔습니다. 특히 취원 연령의 하향화에 따른 만 3세 교육과정의 기반을 다지고, 취업모의 자녀들을 위한 유치원 종일반 운영의 모범을 보임과 동시에 부모역량 강화를 위한 부모교육을 활성화시켰습니다. 이 시기에는 수많은 유아교육 관련 연구를 수행하고 공개함으로써 유아교육 발전에 이바지하면서 질적으로 우수한 한국 유아교육을 이끄는 리더로 앞장섰습니다.

21세기 이화유치원은 새로운 도약을 위해 지속적으로 전진하고 있습니다. 교육과정 측면에서는 한국의 전통문화와 바른 인성을 강조하는 교육을 실천하고 부모와 기관 간 상호 협력을 위해 일방적인 부모교육이 아닌 부모 참여를 극대화해나가고 있습니다. 한국 유아교육 100년사를 품은 최고의 모범적 유아교육기관으로서 수많은 국내외 참관객들에게 이화의 유아교육이 소개되면서, 이화유치원은 세계 유아교육의 발전에도 이바지하는 최고의 유아교육기관으로 우뚝 서게 되었습니다.

이화유치원은 지난 100년의 역사 동안 이 땅의 어린이들을 위한 교육의 터전으로서 큰 소명을 다해왔습니다. 성인의 생각에 맞춘 교육이 아닌 어린이들의 행복을 최우선적으로 고려하여 어린이들의 발달에 적합한 교육과정 및 교육활동을 개발하고 전파했습니다. 이러한 도전과 개척정신은 이화유치원 역사의 밑바탕이 되어 왔습니다. 질적으로 우수한 유아교육현장의 모델을 구축해나가기 위해 수많은 어려움들이 있었지만, 난관에 부딪힐 때마다 이화의 도전정신은 더욱더 살아났고 스승님과 선배님들은 혼신을 다해 헌신하고 함께 나누며 한국의 유아교육을 이끌어왔습니다. 어린이를 중심에 두고 어린이의 입장에서 생각하고 배려하는 것을 최우선으로 여겼던 선구자들의 이러한 열정은 지금까지도 지속되고 있으며 앞으로도 계속될 것입니다.

본 서는 이화유치원 100년의 역사를 크게 4기로 나누어, 시대별로 이루어졌던 활동과 역사를 간결하게 다루었습니다. 이를 통해 유아교육 관계자들뿐만 아니라 일반 독자들도 보다 친근하게 한국 유아교육의 역사를 접하고, 항상 어린이를 먼저 생각하면서 도전하고 헌신하며 나누는 이화유치원의 교육정신을 느낄 수 있기를 소망합니다. 더불어 앞으로 한국의 유아교육이 나아가야 할 방향과 비전을 공유해나갈 수 있기를 바랍니다.

2014년 9월

이화여자대학교 사범대학 부속이화유치원 원장 엄 정 애

차례

Ⅲ. 이화유치원의 발전기(1985~2002)
질적으로 우수한 한국 유아교육의 리더로 앞장서다

Ⅳ. 이화유치원의 도약기(2003~2014)
세계 최고의 유아교육기관으로 우뚝 서다

1914~1957

I. 이화유치원의 태동기

한국 유치원 역사의 첫 장을 장식하다

01
이화유치원, 기틀을 다지다

이화유치원은 한국 어린이를 위한 한국 최초의 유치원으로 1914년 1월 7일 미국인 선교사 브라운리(C. G. Brownlee, 富來雲)에 의해 개원되었다.

이화학당의 제4대 당장인 프라이(L. E. Frey)는 기초교육에서 고등교육까지의 모든 학교 체제를 겸비한 완벽한 교육기관을 실현할 수 있는 유치원교육의 필요성을 느끼고 있었다. 프라이 당장은 유치원교육 전문가를 찾을 수 없어 고민하고 있던 중 안식년 휴가차 오하이오 주의 신시내티 교사훈련학교를 방문하게 되었는데, 그곳에서 졸업을 앞두고 있는 브라운리를 만나게 되었다. 프라이 당장이 구상하고 있는 교육 계획을 들은 브라운리는 기꺼이 한국의 유치원교육 사업을 돕겠다고 했다.

이후 브라운리는 학교를 졸업한 뒤 미국 감리교 해외여선교회의 파견으로 1913년 12월 16일 서울에 도착하여 한국인 보조교사 조 앨리스(Alice Cho, 趙愛理施)와 함께 정동 이화학당과 인접해 있는 손탁(Songtag) 호텔의 한 방에서 16명의 어린이를 모아 유치원을 열었다. 보조교사 조 앨리스는 1912년 이화학당 중등과를 졸업하고 매일학교(day school) 교사로 있다가 일본으로 건너가 갓스이(활수) 여자전문학교 유치원사범과를 1년간 다녔으며, 이화유치원 개원 때 보조교사가 되기 위해 귀국 후 유치원사범과 2학년에 편입하여 1916년 이화 유치원사범과를 첫 번째로 졸업한 학생이다. 조 앨리스는 브라운리의 유치원 운영을 보조하는 한편, 한국말을 잘 모르는 브라운리를 위해 통역자 역할을 하기도 했다.

손탁 호텔에서 시작한 이화유치원은 이후 근처 보구여관(한국 최초의 부인 전용병원)으로 이사하여 지내다가 1915년 이화학당 안의 심슨 홀(현 이화여고) 1층 피어슨 기념실로 이전했다.

여러 곳을 전전하며 유치원을 운영하다가 개원 후 7년째 되는 해인 1921년 보구여관을 헐고 그 자리에 유치원과 유치원사범과를 위한 전용 건물(후퍼기념관)이 건립되어 비로소 정동에 터를 잡았

01 유치원이 처음 운영되었던 정동의 손탁 호텔
02 이화유치원 초대 원장 브라운리
03 보조교사 조 앨리스

01

01 정동 이화유치원
02 정동 이화유치원의 실내 미끄럼틀

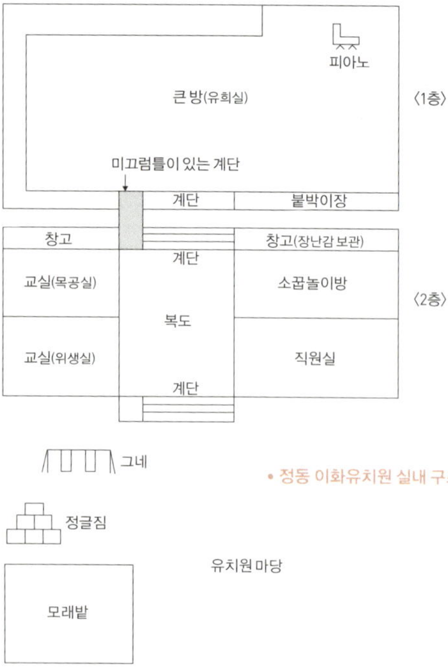

• 정동 이화유치원 실내 구조도와 실외놀이 시설 •

다. 이 건물은 미국 유년선교부의 헌금과 후퍼(R. E. Hooper) 씨가 아들을 잃고 그를 기리는 마음으로 낸 기부금으로 건립된 것으로, 거액의 희사금을 기부한 후퍼 씨를 기념하기 위해 일명 '후퍼 기념 유치원'이라 불리기도 했다.

이화유치원(정동 이화유치원, 제1실습 유치원)은 벽돌 이층집으로, 중앙 난방시설과 수세식 화장실이 있었고 실내놀이 및 안전 대피에 사용될 것을 고려한 실내 미끄럼틀이 있었다. 지하실에는 보일러실, 부엌, 화장실, 세면실, 창고가 있었으며, 1층에는 30여 평이 넘는 유희실, 2층에는 작업실과 직원실이 있었다. 정동 이화유치원 경영은 이화선교부에서 담당했다.

한편 1918년 브라운리가 첫 번째 안식년 휴가를 맞이하게 되면서 밴플리트(E. VanFleet)가 새로이 한국에 파견되었다. 밴플리트는 신시내티 유치원 교사 양성학교를 졸업한 후 신시내티대학에서 수학하여 B.A.(학사학위)를 받았으며, 그 후에도 안식년 때마다 컬럼비아대학에서 B.A.와 M.A.(석사학위)를 받은 학구파이다. 그녀는 한국에 오자마자 이화학당 유치원사범과의 제2실습 유치원으로서 아현 감리교회 내에 아현유치원을 개설하여 원장직을 맡았다. 아현유치원 경영 또한 이화선교부에서 이루어졌다.

1935년 이화여자전문학교가 신촌에 위치한 신교사로 이전하고,

03

04

01 브라운리(뒷줄 오른쪽), 한국인 교사와 유치원 어린이들
02 당시 정동 이화유치원 원장(브라운리)과 교사들
03 정동 이화유치원에서의 실외놀이
04 브라운리(뒷줄 오른쪽), 밴플리트(뒷줄 왼쪽)와 유치원사범과 교생 및 유치원 어린이들

01 신촌 이화유치원

02 신촌 이화유치원에서의 실외놀이

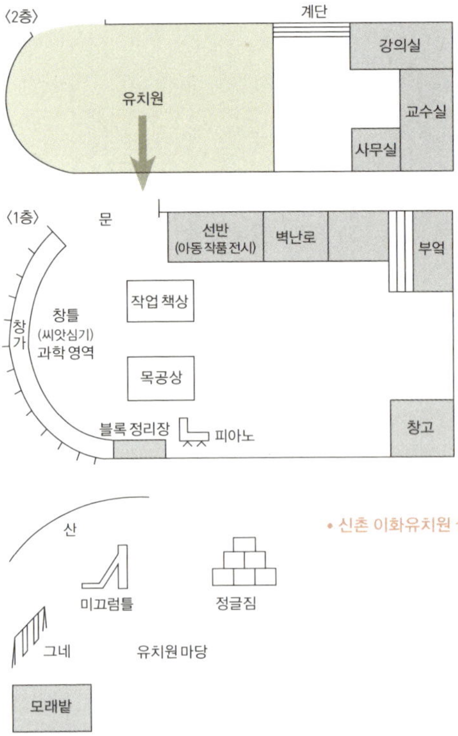

*화장실은 1층 성인용 화장실 옆에 유아용 크기로 마련되어 있다.

• 신촌 이화유치원 실내 구조도와 실외놀이 시설 •

이와 때를 같이하여 1926년 유치원사범과를 졸업한 후 1932년부터 1935년까지 시카고 에반스턴의 내셔널교육대학에서 유아교육을 공부한 김애마가 이화에 돌아왔다. 김애마는 미국에서 유학하던 시절 미국 감리교 어린이선교회 사업부의 간사였던 맥키번(Mckibben) 여사가 "이화를 위하여 도울 수 있는 일이 무엇인가?"라고 물었을 때, 한국 어린이들을 위한 시범 유치원이 포함된 교육관 건물을 마련해줄 것을 제안했다.

김애마는 맥키번으로부터 받은 미국 어린이들의 헌금과 자신이 9주 동안 미국 여러 감리교회와 주일학교를 순방하며 한국 어린이 교육을 위해 모금한 기금으로 1936년 신촌 캠퍼스(현 이화여자대학교) 내에 아담한 3층 석조 건물을 세우고, 이후 1940년 제2대 원장으로 취임했다. 제3실습 유치원(신촌 이화유치원)으로 개원한 이 건물은 넓은 유희실과 교사실을 갖추고 있었으며, 유아의 자연에 대한 시야를 넓혀줄 수 있도록 유리창이 원형으로 넓게 펼쳐진 형태로 설계되었다. 당시 이 건물은 사범대학 초창기 학생들의 강의실로도 사용되었다.

이로써 이화유치원은 정동 이화유치원(제1실습 유치원), 아현 이화유치원(제2실습 유치원), 신촌 이화유치원(제3실습 유치원)의 3개 유치원을 갖게 되었다.

이화유치원의 개원은 일제 강점기(1910~1945년) 때 이루어진 것으로, 시간이 흐를수록 일제의 탄압이 심해져서 1935년에는 담화 시간에 일본어를 함께 사용해야 했고, 우리나라 동요와 함께 일본 동요를 불러야 했다. 1945년 제2차 세계대전이 발발하면서 이화유치원 세 곳이 모두 임시 휴원을 하게 된 이후 신촌 이화유치원과 아현 이화유치원 간의 직접적인 관계는 끊어지게 되었다. 그리고 신촌 이화유치원과 정동 이화유치원은 1947년 9월 미국의 컬럼비아대학에서 석사학위를 받은 클라라 하워드(Clara Howard, 許吉來)를 제3대 원장으로 위촉하고 다시 문을 열어 유치원교육을 지속했다.

6·25 전쟁이 일어난 1950년대에도 유치원교육에 대한 선구자들의 열정은 지속되었다. 김애마는 1951년 부산으로 피난을 간 상황 속에서도 사범대학을 발족시키고, 1952년 부산 부민동 가교사에 사범대학 부속이화유치원을 세운 후 제4대 원장으로 임봉선을 위촉하여 피난민 자녀들이 교육을 받을 수 있도록 했다.

1953년 7월에 전쟁이 끝나고 서울이 수복된 후 제5대 원장인 클라라 하워드를 중심으로 그해 10월, 정동과 신촌에 이화유치원을 다시 열었다. 두 기관은 유아들의 질적인 발달을 도모하기 위해 담화, 율동, 게임, 음악 감상 등과 같은 다양한 집단 활동과 실내·외

01 신촌 이화유치원에서의 자유선택활동 시간
02 이화유치원 어린이들과 졸업사진을 찍고 있는 교사들과 클라라 하워드

01

02

03

01 부산 피난 시절 이화유치원 건물(1952)

02 피난 시절 유치원을 방문한 미국 대사, 김활란 총장, 김애마 학장

03 피난 시절 임봉선, 안희옥, 이순일 교사와 어린이들

자유선택활동 시간을 충분히 제공해주었으며, 이러한 노력은 1955년 제6대 이순일 원장 취임 이후 1958년 두 기관이 하나로 통합되어 한국의 유아교육 발전을 이끄는 데 디딤돌이 되었다.

02

놀이(유희)중심 진보주의 교육의 시작

브라운리가 미국에서 공부를 하던 시절은 신구 교육법이 공존하면서 새로운 교육과정이 모색되던 시기였다. 즉 19세기 말부터 은물을 통한 기계적 교수에 지나치게 편중된 전통적 프뢰벨주의 유치원에 대한 비판의 소리가 높아지면서, 전통적 프뢰벨 은물은 사라지고 크기와 모양이 커진 놀잇감이 자유롭게 사용되며 형식에 얽매이지 않는 자유로운 놀이 활동이 장려되던 때였다. 브라운리는 이러한 시대적 흐름에 따라 진보적 유아교육과 관련된 새 이론을 바탕으로 한 훈련과정을 마치고 한국에 왔다.

브라운리는 새로운 이론과 실제를 배우고 온 전문가답게 아동

중심주의를 바탕으로 유희(Play), 창가(Songs), 수기(Handwork), 동화(Storytelling)와 같은 다양한 활동을 통해 말하기, 집중력, 생활 질서, 집단생활의 훈련을 할 수 있다고 보았다. 따라서 유아들이 자유롭게 방 안을 돌아다니며 놀잇감을 가지고 충분히 놀이하도록 했다. 브라운리가 이화유치원에서 펼친 교육은 힐(P. S. Hill)의 영향을 받은 유희중심의 진보주의 교육으로, 1926년 당시 이화유치원의 일과는 아래와 같았다.

9시 전후	등원(교사들이 문에 서서 원아를 마중함)
	자유유희(집짓기, 그림 그리기, 모래놀이, 점토, 소꿉놀이, 인형놀이 등을 자유롭게 선택하여 놀이함)
10시경	실내 모임(창가, 기도, 담화, 때때로 게임)
10시 30분경	간식(인사동의 태화기독교사회관에서 만든 콩 우유를 먹임. 손 씻고 당번은 책상 정리하고 접시, 컵 등을 치움) 휴식(요를 마루에 깔고 누워서 쉬게 함)
11시경	활동(목공, 은물, 운동장에서의 게임, 실내 게임, 극놀이 등)
12시	귀가(집에서 데리러 올 때까지 이야기 듣고 노래 부르며 기다림)

(이상금, 1987, p. 279)

이와 같은 유치원의 하루 일과는 한국의 종래 전통교육과 달라서 학부모들과 유치원에 참관 온 사람들에게 저항심을 갖게 했다. 기존의 교육은 3~4세 어린이들조차 일정 시간 동안 책상에 앉아

책 읽는 것을 당연하게 여겼기에 교과서를 전혀 사용하지 않고 어린이들이 하루 종일 신나게 노는 모습은 충격적일 수밖에 없었다.

이화유치원 제2대 원장 김애마의 회고담에 의하면, 그 당시 브라운리에게 "도대체 이 유치원은 몇 시에 시작하나요?"라고 물으며 교육에 대해 불신하는 학부모들이 많아서 그녀가 그들에게 놀이가 교육이라는 것을 이해시키는 데 꽤나 애를 먹었다고 한다(안인희, 이상금, 2003). 브라운리는 이러한 상황에 굴하지 않고 학부모를 설득하고 계몽하기 위해 '어머니회'를 조직하여 유치원교육을 이해시키려고 노력했다. 그 결과, 개원 2년 만에 원아는 86명으로 증가했으며, 문자를 직접적으로 가르치지 않는 유치원 교육과정에 대한 학부모들의 이해를 빠른 시간 안에 얻을 수 있었다. 개원 초기 그녀가 쓴 편지에서도 그 당시 학부모들의 변화를 알 수 있다.

> 학부형이 신기하게 여겨 곧잘 구경하러 왔습니다. 그러나 유치원에서는 책도 없고 문자도 안 가르치고 놀기만 한다고 불만이었습니다. 그렇지만 날이 감에 따라 그들이 알고 있는 교육방법을 대신하는 유희, 노래, 수기, 이야기 등이 유아들에게 더 유익하다는 것을 알게 되었습니다. (이상금, 1987, p. 67)

밴플리트 또한 브라운리보다 5년 늦게 한국에 들어왔기에 그 당

01 정동 이화유치원에서 어린이들이 소꿉놀이하는 모습(1957)
02 음악 감상과 악기놀이를 하는 어린이들
03 적목으로 배 만들기를 하는 어린이들

시 미국에서 전개되고 있던 새로운 유치원교육의 이론을 경험하고 왔다. 따라서 밴플리트의 교육론도 진보적이었다. 밴플리트는 신체적 복지의 배려, 지적 발달, 어린이에게 적합한 경험, 그림·음악·연극·언어를 통한 표현과 기타 다양한 표현 활동의 장려, 자제력, 종교적 충동의 개발, 어린이의 만족과 행복에 역점을 두었다.

(1) 신체적 복지의 배려: 공간과 기본 근육 발달을 위한 기구를 마련하고 생활습관을 길러야 함(예: 손수건 사용·재채기·기침·양치질 예절 등).

(2) 지적 발달: 어린이에게 가장 유익한 경험, 자료, 암시의 시기 선택은 유능한 교사에 의해서 이루어짐.

(3) 어린이에게 적합한 경험: 어린이의 반응에 민감하고 치밀한 관찰이 따라야 함(예: 정원 가꾸기, 인형놀이, 목공소·대장간·구두방 방문 등).

(4) 그림·음악·연극·언어를 통한 표현과 기타 다양한 표현 활동의 장려: 다양한 표현 활동을 도와야 함.

(5) 자제력: 자신의 행동에 책임을 지도록 함.

(6) 종교적 충동의 개발: 동식물의 보살핌, 이야기, 노래를 통해 하나님을 알게 함.

(7) 어린이의 만족과 행복: 신체적, 정신적, 도덕적, 영적으로 건강해야 하며 만족과 행복이 보장되어야 함. (이상금, 1987, p. 68)

미국의 컬럼비아대학에서 석사학위를 받은 클라라 하워드 역시 자유 활동, 놀이중심, 사회성 개발에 역점을 둔 진보적인 교육관을 바탕으로 한국 초기 유아교육과정의 토대를 마련하는 데 앞장섰다. 이처럼 브라운리, 밴플리트, 클라라 하워드 세 선교사가 추구한 유희중심의 이론과 실제는 오늘날 한국의 유치원교육이 어린이들의 놀이를 중시하고 놀이를 통한 교육의 참모습을 실현하는 데 초석이 되었다(이상금, 1995). 1920년대 이화유치원의 교육내용 및 방법에 대해 당대의 신문기사에서는 아래와 같이 소개하고 있다.

> 재미있는 장난감과 기타의 기재로 천성을 열어주는 것을 목적으로 삼는다. (동아일보, 1921. 9. 6)

> 무슨 장난을 시키더라도 제가 제 마음이 나서 하게 하며 장난감을 가지고 놀게 하더라도 여러 가지 장난감을 내어놓고 선택권을 아동에게 맡긴다. 장난감을 만드는 것도 그러하다. 여러 가지 모본을 내어놓고 제 마음에 드는 것을 만들라고 한다. (동아일보, 1926. 2. 4)

> 유아들에게 글을 억지로 가르치지 말고 환경을 통해 유희하듯 자연스럽게 흥미를 가지고 익혀가도록 하여야 한다. (동아일보, 1929. 4. 21)

지금으로부터 90여 년 전의 기사임에도 불구하고 흥미로운 장난감을 통해 어린이들이 가진 고유한 천성과 흥미를 발현시키는 것을 강조하고 어린이들의 놀이 선택권을 중요하게 언급한 부분은 현대의 유아교육에 시사하는 바가 크다.

1920~1930년대 이화유치원은 선교사들의 교육철학과 방법에 따라 한 주 단위의 흥미중심 활동으로 운영되다가, 1936년 김애마에 의해 교육내용을 통합하여 흥미영역 활동 중심으로 교육하는 '단원중심교육(생활중심교육)'이 실시되었다. 즉 동심원적 활동주제 선정 원리를 연간교육계획에 적용하여, 어린이가 가장 흥미 있어 하고 관심 있어 하는 것으로부터 시작하여 주제 선정의 폭을 넓혀 갔다. 이 원리에 의해 선정된 단원(주제)에 따라 자유선택놀이, 이야기 나누기, 그리고 오리고 꾸미고 만들기, 간식, 노래, 율동, 동화, 게임, 휴식, 견학, 관찰 등의 활동을 하면서 어린이들이 전인적 성장을 도모할 수 있도록 했다. 또한 상호 협력의 집단놀이를 경험하면서 구성원들의 역할, 사회 질서와 태도 등을 자연스럽게 학습할 수 있도록 했다.

01 수복 이후 최순실 교사와의 담화시간(1956)
02 음악 활동을 하고 있는 이정환 교사와 어린이들

03
깨어난 한국의 어머니들: 어머니회

한국의 전통적인 교육 방식에 익숙한 학부모들은 '아동중심, 놀이중심'을 내세우는 이화유치원의 교육목표에 대한 이해가 부족하여 수업 방식에 의문을 제기하는 경우가 많았다. 이에 브라운리는 유치원을 개원하고 곧바로 '어머니회'를 조직하여 놀이를 중심으로 하는 유치원에 대한 학부모들의 이해를 도우며 한국 어머니들이 가진 기존의 육아 방식을 계몽하고자 노력했다. 브라운리의 헌신적인 노력으로 점차 학부모들은 유희중심의 유치원교육 방침에 수긍하는 모습을 보였으나, 육아 방식을 변화시키는 데 있어서는 장기간의 노력이 필요했다.

01 어머니회 기념(1923)
02 어머니학교, 놀잇감 만들기 워크숍(1952)

유치원교육과 부모교육을 시작하면서 낙후된 유치원 시설과 가정에 장난감이나 책이 부족한 현실을 안타깝게 여긴 클라라 하워드는 이를 해소하고자 어머니들에게 동물 장난감 본을 나누어주거나 어머니들과 함께 봉제완구와 스크랩북을 만들기도 했다. 또한 가정에서의 아동 지도와 가족 관계, 유아 보호 및 생활 지도, 아기들을 위한 이유식, 노래와 게임, 어린아이를 위한 성경 이야기 등을 전해주고자 노력했다. 가정교육 향상을 위해 통신교육도 실시했는데, 교육의 내용은 건강·종교·사회에 관한 것과 가족이 함께 즐길 수 있는 노래와 게임 등이었다. 발송한 통신은 평균 1개월에 700통에 이르렀다고 한다.

1936년에 김애마가 신촌 이화유치원 원장으로 부임한 이후에는 강연을 중심으로 한 부모교육이 '자모회'라는 이름으로 매달 이루어졌으며, 자모회에서는 어머니들에게 어린이의 발달에 대한 이해, 교육방법 등과 관련된 주제로 강연이 이루어졌다. 어머니들은 자모회에 열심히 참석하고 이곳에서 받은 교육을 매우 유익하게 여겼으며 자모회 운영에 대한 지원을 아끼지 않았다. 자모회는 6·25 전쟁으로 인하여 부산에 임시로 유치원을 세웠을 때에도 운영되었으며, 전문가의 특강과 놀잇감 만들기 워크숍 등을 실시했다. 또한 만 4·5세 원아들을 대상으로 가정 방문을 실시함으로써 원아

01

02

단기4285년8월25일

어머니회보 제2호

이화유치원자모회

그릇된 母性愛

03

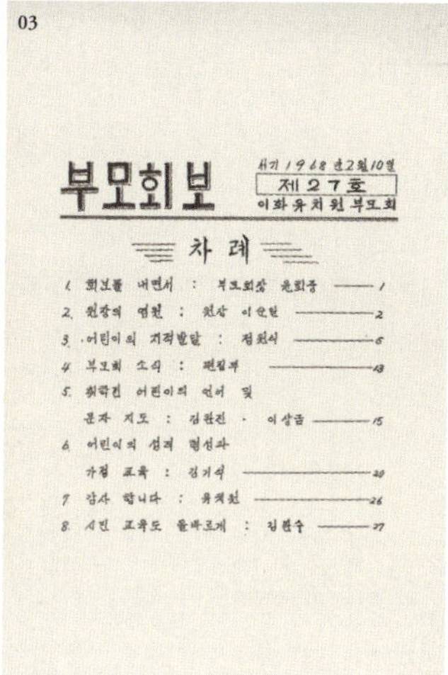

부모회보

서기 1968년2월10일

제27호

이화유치원부모회

차례

01 피난 시절 부산에서 열린 자모회(1952)

02 어머니회보(1952)

03 부모회보(1968)

들의 가정환경을 이해하는 한편, 유치원에 적응하는 데 도움을 주고자 했다. 이외에도 김애마는 '자모회보' 간행(이후 '어머니회보'로 명칭 변경)을 시작하여 어머니들에게 보급했으며, 후에는 어머니뿐만 아니라 아버지도 대상으로 하는 '부모회보'로 명칭을 변경하여 1977년까지 간행을 지속했다.

04

이화유치원의 연구 활동 및 출판물

이화유치원은 전문적인 역량을 갖춘 유아교사 양성뿐만 아니라 더 나은 유아교육과정의 개발과 보급 및 확산을 위해 중추적인 역할을 하는 연구기관으로서의 기능도 수행했다.

연구 활동

이화유치원은 교사나 어린이들을 위한 출판물을 간행했으며, 이를 유아교육계에 널리 보급하는 연구기관으로서의 기능을 충실히 수행했다. 1936년 김애마는 정동·아현·신촌의 세 유치원에 교사회를 조직하여 매주 모임을 갖고 생활중심교육의 이론과 실제 및 육아법, 가정관리 등에 관한 교육의 제 문제를 연구하며, 그 결과물을 모아 책자를 만들어 교사와 부모들에게 제공했다.

6·25 전쟁 이후 미국은 한국 교육의 재건을 돕기 위해 교육 원조를 했다. 여러 차례 교육사절단이 방문했는데, 유아교육이 가장 크게 영향을 받은 시기는 1956년 피바디 사범대학에서 방한했을 때이다. 피바디 한국 교육사절단은 그 당시 미국 유아교육에서 사용하고 있던 최신 놀잇감, 즉 유니트 블록, 퍼즐, 그림책, 조형 도구(핑거 페인팅 재료, 색종이, 8절 도화지 등) 등을 이화유치원에 적극 기부해주었다. 피바디 사절단 중에는 유치원교육 전문가 메리 브루스(Mary Bruce) 여사도 있어 이화유치원 교사들은 그녀를 통해 유아교육의 최신 방향에 대해서 듣고 검토하는 시간을 가질 수 있었다.

또한 이화유치원 교사들은 자체적으로 매주 1회 교사 모임을 갖고 원서 강독을 통해 신교육 원리와 방법을 연구하여 유치원교육에 적용했으며, 교사들의 풍부한 경험을 통하여 유아교육의 내실을 다지고자 노력했다. 이처럼 한국의 유아교육 발전을 위한 선구자들의 노력과 교사들의 연구 활동 덕분에 1910~1950년대 유아교육은 급속히 발전할 수 있었다.

출판물

1920~1930년대에 한국의 어린이들을 위해 영문 서적을 번역·출판하고자 한 브라운리의 노력은 오늘날 교육용 서적 출판의 시초가 되었다고 해도 과언이 아니다. 브라운리는 한국의 유아교육을 위한 한국말 교재와 아동용 도서가 없음을 알고, 어린이 교육을 위한 우리말 교재와 아동용 도서 총 11종의 출판물을 직접 저술하고 번역했다. 브라운리가 1920~1930년대에 번역·출판한 서적은 아래와 같다.

- 프뢰벨의 저서인 『인간교육』 번역·출판.
- 프뢰벨의 저서인 『어머니 유희와 노래』 번역·출판.
- 아동 동화집 『어린이 세계』 1, 2권 출판.
  - 두 권의 책은 후에 각각 『어린이 낙원』, 『어린이 동산』으로 개정.
- 패티 스미스 힐의 『활동에 기초한 아동교육법』 번역.
  - 교사 양성과정의 교재로 활용했으며, 이화유치원의 교육과정에도 적용됨.
  - 현재 유아교육계에 널리 알려져 있는 '경험중심교육', '생활중심교육', '자유놀이시간' 등의 용어들이 이 책에서 소개되었음.
- 『유희 창가집』 편찬.

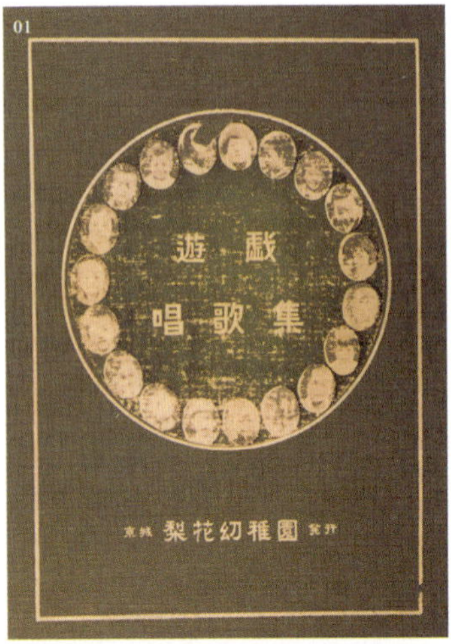

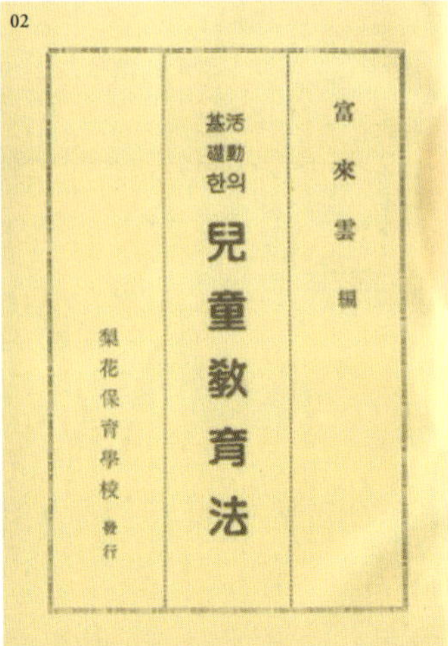

01 『유희 창가집』(1930)
02 『활동에 기초한 아동교육법』(1932)
03 『어린이 진주』(1936)
04 『옥토끼』(1954)

-'노래와 유희로 기쁨을 얻으라고 조선의 어린이들에게 이 책을 드립니다'
라는 헌사가 붙은 우리나라 최초의 교사용 지도서.

• 『어린이 진주』 편찬.

1954년에는 클라라 하워드의 노력으로 어린이용 도서 『옥토끼』가 발간되었다. 이 책이 나오게 된 배경과 과정은 1996년 허길래(클라라 하워드) 선생님을 사랑하는 사람들의 모임에서 출판한 『한국 유아교육의 선구자 허길래』를 통해 잘 알 수 있다.

허길래 선생님은 어린이들은 동화책을 읽으며 성장해야 하는데 한국에는 어린이들이 볼 만한 그림책도 없고, 또 교사가 읽은 후 구연동화로 들려줄 동화책도 없는 것이 마음 아프다고 하셨다. 그래서 선생님은 1947년 상당히 많은 투자를 하시어 우리나라 사람들의 손으로 그림을 그리게 하여 색깔 있는 그림책을 출판하셨다. 그러나 휴전이 되어 부산 피난지에서 돌아오니 그 귀한 그림책은 물론 견본까지 다 없어졌다. 이에 허길래 선생님은 천연색 그림이 있는 그림책은 아니더라도 우선 한글로만 쓰여진 동화책이라도 한 권 출판해야겠다고 하셨다. 이화유치원에서 일하던 최순실 선생님과 이순일 선생님은 허길래 선생님이 영어로 된 동화를 한국말로 해주시면 동화를 잘 기억했다가 그 내용을 원고지에 옮겨 써놓곤 했다. 출판 경험이 없고 참고할 책도 구할 수 없었으며 견문도 넓지 못했기 때문에 이 책은 얇았고 글씨도 아주 작았다. 아주 얇고 조그만 동화책 『옥토끼』는 이렇게 해서 탄생한 것이다. 표지에는 그 당시 이화유치원의 이기영 어린이가 그린 옥토끼 그림을 넣었다. (허길래 선생님을 사랑하는 사람들의 모임, 1996)

'굴러가는 빵, 장난하던 토끼, 세 마리 돼지, 세 마리 곰, 빨간 새, 꼬마 구두쟁이' 등 널리 알려진 외국의 전래 동화들을 한글로 번역하여 만든 『옥토끼』 동화책을 통해서 클라라 하워드의 한국 어린이에 대한 사랑과 한국 유아교육에 대한 열의를 엿볼 수 있다. 이 책이 발간된 지 70여 년이 지난 지금도 이화유치원 어린이들은 교사를 통해 역사 속 옛 이야기를 즐겁게 듣고 있다.

05
한국 유아교육계에 대한 공헌

한국 유아교육의 뿌리를 내리다

이화유치원은 한국인을 위한 한국 최초의 유치원으로서, 당시의 자선이나 사업을 목적으로 세워진 다른 기관과는 달리, 한국 최초로 전문가에 의한 유아교육을 실현하고 확장해나갔다. 1914년 설립 당시부터 전문가에 의한 유치원들이 확산되는 계기를 마련했으며, 유치원들이 잘 운영될 수 있도록 초기에 이화유치원에서 교사를 파견하기도 했다.

1916년 9월 20일 개원한 중앙유치원(현 중앙대학교 사범대학 부속유치원)은 정동 이화유치원의 분원으로 이화유치원 교사가 파견되어 초기 운영을 도와준 대표적 사례이다. 중앙유치원의 초대 원장은 이화학당의 프라이였으나 실제로는 대리인으로서 브라운리가 매일 통근하면서 지도했다. 따라서 당시 중앙유치원의 교육은 전적으로 브라운리에게 위임되어 있었다. 브라운리는 중앙유치원 개원 때부터 1918년 안식년으로 미국에 귀국할 때까지 중앙유치원의 육성에 정성을 다했으며, 1919년 3·1 운동으로 중앙유치원 창립자와 운영자가 투옥되어 휴원했을 때에도 재개원을 위해 적극 협력했다. 중앙유치원의 교육내용은 『중앙대학교사』에 창가, 유희, 도화(그림 그리기), 수공(손으로 하는 비교적 간단한 공예) 등을 가르쳤다고 나와 있는데, 창설 당시 브라운리가 지도했으며 이화유치원에서도 노래, 유희, 수기, 이야기를 중심 활동으로 한 점으로 미루어 볼 때 중앙유치원이 이화유치원과 일치하는 점이 많았음을 알 수 있다.

창립 당시 교사 두 명은 이화학당 유치원사범과 재학 중이던 자남신(自南信)과 장필순(張弼順)이었으며, 1919년 휴원되었다가 재개원 당시 입사한 교사 세 명도 이화학당 유치원사범과에 재학 중인 학생 신분으로 유치원 교사를 겸했다. 이와 관련한 매일신보의 기사 내용은 다음과 같다.

每日申報

中央에 幼稚園

〖중앙에 유치원이 생기다〗

영신학교 교감 박희도 씨와 중앙 예배당 목사 장락도 씨와 유양호 씨 등 세 씨가 협력하여 요사이 인사동 246번지 영신학교 분교실에다가 정동유치원의 분교실로 유치원을 설치하게 되었더라. 이에 박희도 씨가 말하기를 "유치원의 교육이 얼마나 필요한 것과 지금 경성에서 유치원이 설치되기를 바라는 사람이 많은 것은 여러 말할 필요가 없거니와 이번에 다행히 정동유치원의 허락을 받아 경성의 중앙이 되는 인사동에다가 불완전하게라도 설치하게 했음을 기쁘게 생각하는 바이로다. 그 교실 될 집은 그 동안 수리된 바 거의 준공이 되었는데, 비록 화려치는 못하나 정결하게는 할 터이요, 또 제일 문제되는 것은 선생님인데, 정동유치원에서 경험 있는 선생 세 사람이 오기로 했은 즉, 이제는 아이들을 모집하여 개학할 뿐이라… 이화학당 안에 있는 양성소를 졸업하고 그 유치원에서 교육을 종사하여 경험이 있다 하고, 또 점차 확장될 때에는 지금 정동유치원에서 유학시키어 유치원의 선생으로 양성시키는 유학생 세 명을 초빙하여 쓸 수 있다 한즉, 그 유치원의 전도는 대단히 유망하다 하겠더라.

매일신보(1916. 10. 11)

중앙대학교 유아교육과가 이화여자대학교 유아교육과와 함께 한국의 유아교육을 이끌어오면서 성장할 수 있었던 것은, 이화유치원 초대 원장인 브라운리가 중앙유치원의 기틀을 다지는 데 기여하고, 이화학당 유치원사범과에서 유아교육을 배우고 이화유치원에서 실습을 받은 학생들이 중앙유치원의 교사가 되어 유아교육을 전파했기 때문에 가능한 일이었다고 볼 수 있다. 브라운리는 중앙유치원 이외에도 동대문유치원, 용두리유치원 등 북감리교 선교회가 개설 또는 지원한 유치원에서도 진취적인 유아교육을 적극적으로 전개하여 한국 유아교육에 본격적인 유치원교육을 도입했다.

1954년 6월, 충남 대천에서는 감리교회 선교사들과 미국 감리교회 선교국의 대표들이 모두 모인 자리에서 한국에서 수행하고 있는 선교 사업의 효과성 평가와 향후 실시할 사업 계획 탐색 관련 회의가 열렸다. 이 모임에서 선교사들은 서울에서 교육받은 유치원 교사들이 공부를 마친 후 고향으로 돌아가 일하려 하지 않는다는 사실에 주목하게 되었다. 이에 새 유치원 교사 양성 교육기관이 서울 지역 이외의 곳에 설립되어야 한다는 의견이 제시되었다. 오랜 검토 끝에 1955년 4월, 교통의 요충지이자 충청남도의 도청 소재지인 대전이 대전보육초급대학(현 배재대학교) 설립 지역으로 최종 결정되었다. 학교 건물과 캠퍼스가 조성되는 동안 클라라 하워드가 중심이 되어 대전의 중앙감리교회에서 수업이 이루어졌으며, 대전보육초급대학 설립 이후 아펜젤러(H. G. Appenzeller) 선교사가 설립한 배재학당(1885년 설립)이 모체가 되어 현재의 4년제 종합대학교로 발전했다.

클라라 하워드가 지방의 유치원 교사 양성을 위해 1955년 4월, 13명의 학생들과 함께 조그마한 교회를 빌려 시작한 대학이 지금의 4년제 종합대학교로 성장한 것은 역사적으로나 교육적으로 의미하는 바가 크다. 대전보육초급대학은 부속유치원을 개원하여 학생들이 현장을 관찰하고 교생 실습을 할 수 있도록 실험학교로서의 도약을 시도하고, 좋은 교육을 실시하여 의미 있는 방법으로 지역사회 사람들에게 접근하고자 했다. 대전보육초급대학을 대도시에 세우지 않고 남한의 중간 지점인 대전에 세운 목적이 산간벽지와 같은 오지에서 질 높은 유치원교육을 펼치기 위해서였던 만큼, 이곳을 졸업한 학생들은 산간벽지에 흩어진 유치원이나 농어촌의 작은 마을에서 질 높은 유치원교육을 실시하기 위해 노력했다.

1950년대 중반 클라라 하워드가 대전보육초급대학을 설립한 것은 유아교육의 장(場)을 서울에서 지방으로 확장하고 전문성을 갖춘 유아교사를 보다 전국적으로 보급하는 데 기틀이 되었다는 점에서 의의를 지닌다.

유아교육기관에서 이루어지는 부모교육의 효시가 되다

이화유치원은 한국 유아교육의 모델을 제시했을 뿐만 아니라 부모교육의 모델을 제시하는 데에도 선도적인 역할을 담당했다.

초대 원장인 브라운리는 1914년 개원과 동시에 '어머니회'를 조직하여 어머니교육을 실시함으로써 유치원에서 이루어지는 어머니회 운영의 모델을 제시했다. 2대 원장인 김애마도 자모회를 중심으로 '어머니 교실'을 만들어 주로 원장의 강연으로 운영했다. 초기에는 아동지도·아동심리·아동영양으로 내용을 구성했으며, 이후 아동위생과 가정관리 관련 내용을 추가했다. 3대 원장인 클라라 하워드는 가정교육의 향상을 위하여 통신교육을 실시했으며, 어머니뿐만 아니라 아버지교육에도 관심을 가져 양친이 함께 어머니회에 참여하도록 독려하기도 했다. 유아교육 전문가들의 부모교육을 향한 열정은 6·25 전쟁으로 부산에 피난을 간 상황 속에서도 지속되어 임시로 세운 이화유치원에 자모회를 열고 전문가들을 초청하여 강의를 들을 수 있도록 했다. 이처럼 이화유치원의 초창기를 이끌어온 원장들은 가정의 협조를 이끌어내어 유치원교육을 보급·확산시키고자 노력했다.

최근 산업화, 정보화 등 현대 사회의 급격한 변화와 맞벌이 가정의 증가로 가족 제도와 가족 관계가 달라지고 문화의 세대 간 전달 기능이 약화되어 부모 역할의 습득이 가족 내에서 자연스럽게 이루어지지 않고 있는 실정이다. 따라서 그 어느 때보다 부모교육의 중요성이 크게 부각되고 있다. 이러한 상황에서 이화유치원의 부모교육은 1914년 개원과 동시에 실시되어 100여 년에 걸쳐 시대에 맞게 그 양상을 변화·발전시킴으로써 현재 우리나라 유아교육기관 부모교육의 롤 모델이 되고 있어 그 의의가 매우 크다고 할 수 있다.

한국 최초의 질 높은 유아교사 양성을 위한 실습기관으로서 역할을 다하다

1914년 유치원이 개원되고 1년 후인 1915년, 한국 최초의 유치원 교사 양성기관으로 유치원 건물 내에 2년제의 유치원사범과가 설치되었다. 이는 유치원에 사범과가 부설되는 형태였으므로 교사 양성은 유치원에 부속하는 형태로 이루어졌으며, 오전에는 유치원에서 교사를 도우면서 실습을 하고 오후에 수업을 실시하는 반일 실습, 반일 수업의 형태로 운영되었다.

이후 1928년 유치원사범과가 보육학교로 명칭이 변경되고, 보육학교라는 독립된 학교 형태가 됨으로써 정동 이화유치원, 아현 이화유치원, 신촌 이화유치원은 보육학교 학생들의 실습을 위한 곳으로 사용되었다. 학생들은 보육학교에서 유아교육의 이론을 배운 후, 실습유치원에서 교사들의 교수학습방법을 보고 익히고 직접 수업도 해보며 실전 감각을 기르고, 유아들을 교육시키는 교사로서 지녀야 할 태도와 마음가짐 등을 익히는 시간을 가질 수 있었다.

이처럼 유치원사범과가 유치원에 부설되는 형태였던 초기 이화유치원은 우리나라 최초의 유아교사 양성기관으로서 역할을 다했으며, 보육학교의 형태가 갖춰진 이후부터는 유치원사범과 학생들이 졸업 후 전문적인 유아교육을 실현할 수 있는 토대를 마련해주기 위한 실습기관으로서의 역할을 다했다. 즉 학생들이 배운 이론을 토대로 직접 실습을 해보면서 교사의 역할과 태도를 몸소 익힐 수 있도록 적극적으로 지도했다. 이는 곧 예비교사들의 유아교육에 대한 전문성을 향상시켜 질 높은 유아교육이 한국 전역에 뿌리내릴 수 있도록 하는 데 큰 역할을 했다고 볼 수 있다.

1958~1984

Ⅱ. 이화유치원의 확립기

전문가에 의한 수준 높은 유아교육을 실천하다

01
이화유치원, 도약을 위한 새 터를 잡다

1958년 10월, 이화여대 대강당 뒤의 1000여 평 대지 위에 연건평 200평의 남향 단층 건물이 세워졌다. 이는 정동 이화유치원과 신촌 이화유치원이 통합되어 운영될 새로운 유치원 건물로, 당시 사범대학의 김애마 학장이 유럽 각국의 유아교육기관을 답사한 후 설계된 것이다.

이 건물에는 유아들이 실내에서 실외로 자유롭게 연계하여 활동할 수 있도록 교실에서 마당으로 곧바로 나올 수 있는 출입문 3개와 유아의 눈높이를 고려한 창문이 설계·시공되었다. 교실은 병풍식의 유리문을 가운데 두고 신체 발달을 도모하기 위한 90여 평의 유희실과 각각 3평 정도의 과학실·음악실·자료실로 나누어진 20여 평의 작업실로 구분되어 있었다. 특히 작업실은 유아의 발달과 학습에 적합하도록 흥미영역으로 구성하고 복도에는 유아 개인장을 마련했는데, 이는 모두 한국 유아교육에서 새롭게 시도한 것이었다는 점에서 의의가 있다. 교실 이외에도 건물의 1층에는 부모를 위한 공간(당시 자모방, 12평)과 교무실 내 보건실(4평), 부엌(6평), 넓은 세면실과 화장실이 있었으며, 지하실에는 창고와 기관실, 석탄 저장소가 있었다.

이처럼 새 원사는 듀이의 생활중심교육 이념을 실천하고 유아들의 전인적 성장을 도울 수 있도록 설계되었다. 뿐만 아니라 정동 이화유치원과 신촌 이화유치원의 통합을 통해 이 시기부터는 건물, 시설, 설비, 교원 및 운영의 단일화를 기할 수 있게 되었다.

이와 같이 도약을 꿈꾸며 새로운 터를 잡은 이화유치원은 유치원사범과를 졸업한 이순일 원장과 안희옥 교사 이외에 이화여대 사범대학 교육학과에서 아동교육(1957년 이후 학령전 교육으로 개칭)을 전공한 이정환, 이은화, 유명호 교사가 운영을 맡았다.

새 원사 공사 이후, 이화유치원을 참관하고자 하는 교육 관련자들이 많아졌다. 특히 해외의 교육계 관련 참관객들은 한국 관광 시 필수적으로 가봐야 할 장소로 이화유치원을 꼽았으며, 관광 코스 중에 이화유치원 견학이 허용되지 않으면 우리나라 관광을 취소할 정도였다고 한다(이정환, 이은화 선생님 면담, 2014. 5. 30). 이화유치원을 방문한 나라들은 영국, 일본, 태국, 필리핀 등 매우 다양했으며, 영국 유아교육협회장은 이화유치원을 방문한 후에 자신들 대학의 박사과정 학생들을 실습생으로 받아줄 것을 요청하기도 했다.

1958년 10월에 통합되기 전까지 독립적으로 운영되던 이화여자대학교 사범대학의 두 부속기관인 정동 이화유치원과 신촌 이화유치원을 하나로 재탄생시키는 과정에서는 취할 것, 버릴 것, 새로 준비할 것 등이 많았다. 다행히도 내부 공사가 완전히 마무리된 후에 이사를 하여 유아들이 교실에서 정상 수업을 하는 데에는 문제가 없었으나, 외부 공사는 미완성 상태였기에 당시 이순일 원장이 교사들과 협력하여 유아들의 안전을 고려한 환경으로 마무리 지어야 했다. 이와 관련하여 그 당시 이정환 교사는 교육적인 외부 환경 조성을 위해 중점적으로 노력했던 사항을 다음과 같이 회고했다.

- 첫째, 운동장 한가운데에 솟아 있는 크고 높은 바위 3개 제거하기.
- 둘째, 대강당과 유치원 마당 사이에 축대 쌓기(비가 오면 흙이 모두 유치원 마당

01

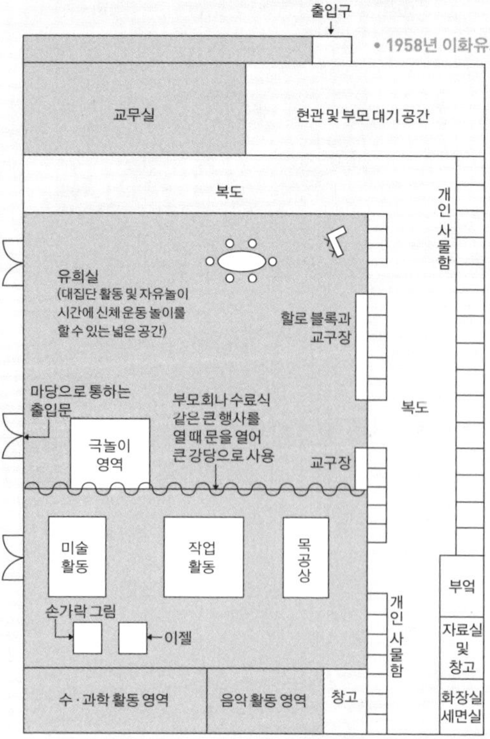

• 1958년 이화유치원 새 원사의 실내 구조도 •

01 남향 단층 건물의 이화유치원
02 새 원사 봉헌식에서
인사말을 하는 김애마 학장
03 완공식 날 교육학과 학령전
교육 전공생들의 특별찬양
04 이화유치원 어린이들과
이정환 선생님(좌),
이은화 선생님(우)

에 흘러내림).

- 셋째, 유아들의 등·하원 출입 길 조성하기(아름답고 우아한 원사에 걸맞는 길 만들기).
- 넷째, 마당놀이 환경 조성하기(고정놀이시설, 자전거길, 동물사육장, 화단, 뛰어놀 수 있는 잔디밭).
- 다섯째, 식목에 필요한 공사하기(나무 한 그루 없는 운동장이었음).

(『창립 90주년 이화유치원 기념집』, 이정환 전직 교사 회고담에서 발췌)

이순일 원장은 많은 일들을 효율적으로 진행하기 위해 전문가가 필요한 공사는 전문가를 채용하고, 노동력이 필요한 공사는 힘 있는 젊은 학생 아르바이트생을 고용하여 외부 환경 공사를 마무리했다. 그러나 큰 바위들이 많이 박혀 있던 운동장은 단시간에 정비가 되지 않아 교사들이 큰 바위들에서 부서져 나온 자갈들을 골라 버리는 작업을 몇 년에 걸쳐 해야 했다. 그 당시 유일하게 큰 바위가 없던 곳에 이순일 원장과 이정환 교사가 심은 은행나무는 현재까지도 잘 자라서 이화유치원 현관 옆에서 늠름한 자태를 뽐내고 있다.

현재 이화유치원 어린이들의 쉼터가 되어주고 있는 은행나무

02
생활주제의 모태인 단원중심교육의 정착

초창기부터 시작된 단원교육은 1960년대 이후에도 지속되었다. 단원에 따른 교육내용은 지역사회의 중요한 사건이나 흥미로운 일과 관련된 것으로 유아들의 흥미를 중심으로 선정했다(이화여자대학교 사범대학 부속이화유치원, 2002). 이 시기에 유치원에서 실시된 단원들은 이전에 다루었던 것보다 더욱 다양하게 세분화되었다. 다음은 1960년대 단원 작성철에 수록되어 있는 내용들이다.

즐거운 유치원, 친구들과 사이좋게, 봄동산, 아름다운 우리 마을(봄철 자연의 모습), 예수님의 부활, 우리 집(가족), 우리 이웃, 공장, 보도기관(새 소식을 어떻게 알 수 있나), 우리 집(짐승), 즐거운 소풍, 곤충, 각 가축의 특징, 금붕어, 개구리, 새, 우리나라, 고궁을 찾아서, 위인전, 국경일, 튼튼한 몸, 여름, 비, 여름 위생과 전염병 및 병원놀이, 즐거웠던 여름방학, 천체(지구, 해, 달, 별), 크리스마스, 겨울 준비와 불조심.

위에서 언급된 단원들은 크게 '유치원, 친구, 봄, 가족, 지역사회, 동물, 우리나라, 나의 몸, 여름, 우주, 크리스마스, 겨울'과 같은 주제로 분류된다. 이 주제는 현재 국가수준 교육과정인 '누리과정'에서 다루는 생활주제 '유치원과 친구, 나와 가족, 우리 동네, 동식물과 자연, 건강과 안전, 생활도구, 교통기관, 우리나라, 세계 여러 나라, 환경과 생활, 봄·여름·가을·겨울'과 비교해보았을 때 크게 다르지 않음을 알 수 있는데, 이를 통해 과거 이화유치원에서 실시했던 단원들이 현재 실시되는 '누리과정' 생활주제의 모태라는 것을 확인할 수 있다.

이화유치원 교육과정은 유아들의 생활세계를 둘러싸고 있는 다양한 주제와 소재들을 바탕으로 아동중심교육을 실천하고자 했다. 이에 따라 이화유치원의 교육자들은 유아들의 전인적 발달을 위해 가르쳐야 할 것들이 무엇인지 파악하고 실제 교육에 적용하고자 부단히 노력했다.

이화유치원은 위와 같은 단원들을 중심으로 다양한 형태의 활동들을 실시했다. 유형별로 실시한 활동들은 다음과 같다.

- 대·소집단 활동: 이야기 나누기, 문학 활동(동화, 동극, 동시), 음악 활동(노래 부르기, 음악 감상 및 창작표현 활동, 악기 다루기), 율동, 게임, 과학(유치원 마당 논에서 모심기, 강아지·토끼·오리·닭 관찰하기, 꽃밭 가꾸기), 요리(김장 담그기), 생일 축하.
- 실내자유선택활동: 쌓기놀이(기차놀이), 역할놀이(소꿉놀이, 병원놀이, 꽃가게 놀이, 가게놀이), 음률(악기 탐색), 작업 활동(화판그림 그리기, 손가락 그림 그리기, 신문지 점토로 만들기, 종이공 만들기, 나뭇가지 장식 공동 작업, 목공), 과학(시계 내부 탐색, 열쇠와 자물쇠 탐색).
- 실외자유선택활동: 정글짐·구름다리·받침대용 사다리(Nesting bridge)놀이, 모래놀이, 시소놀이, 작업 활동(페인트칠하기, 허수아비 만들기), 풀 깎기, 그네타기(타이어 그네, 4인용 그네).
- 견학: 신촌기차역, 비행장(김포공항, 공군 비행장), 국립묘지, 광화문 소방서, 고궁(경복궁, 창덕궁), 방송국, 농촌, 시장, 야외학습.
- 행사: 소풍(동물원), 부활절, 운동회, 할아버지·할머니 날, 이화유치원 공개 방송놀이, 추수감사예배, 성탄절.
- 기타: 간식, 휴식, 청소 및 미화, 신체검사(키와 몸무게 재기, 치아 검진, 시력 검진).

01 토끼를 관찰하는 어린이들
02 종이벽돌로 집짓기 놀이를 하는 어린이들
03 기차놀이를 하는 어린이들

01 생일 축하를 하고 있는 이정환, 유명호, 이은화, 안희옥 교사와 어린이들
02 쟁반놀이영역에서 수 세기 놀이를 하는 어린이
03 쟁반놀이영역에서 열쇠와 자물쇠로 놀이하는 어린이

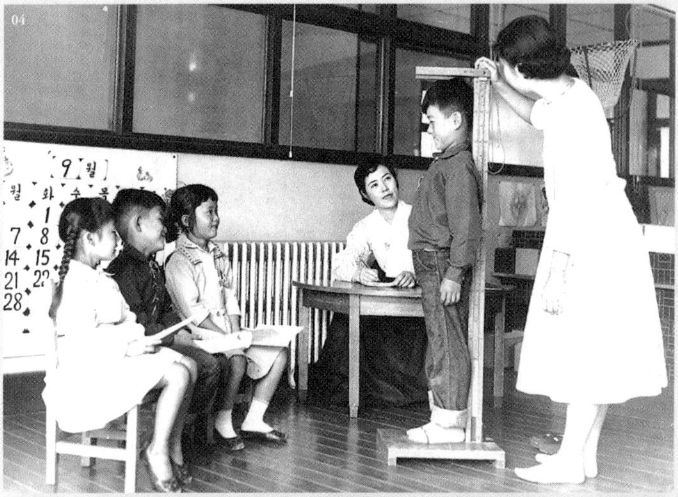

04 신체검사
05 주 1회 도시락 지도 시간

01

02

01 유치원 마당에 마련된 논에서 모심기를 하는 어린이들
02 성탄절 행사에서 성극하는 어린이들

교사들이 김장하는 모습을 유아들이 관찰하는 방식으로 진행했던 '김장 담그기' 활동은 1960년대 들어서 유아들이 직접 무도 썰고 김칫속도 만들면서 김장을 해보는 형태로 이루어졌다. 또한 유아들이 농부에 대한 고마움과 쌀에 대한 소중함을 느껴보는 기회를 제공하고자 유치원 마당 한쪽에 작게 논을 만들어 직접 모심기를 하고 수확해볼 수 있도록 했다. 한 달에 한 번 열리는 생일 축하날에는 유아들이 다 같이 생일을 맞이한 유아들을 위해 노래를 불러주고 색종이로 만든 모자나 왕관, 클로버 잎으로 만든 목걸이나 반지·팔찌, 또는 직접 그린 그림을 선물로 주기도 했다. 생일을 맞이한 유아의 부모님들은 도토리묵이나 밥, 국 등을 가져와 점심으로 제공하거나 제철 과일을 가져와 유아별로 이름을 써서 나눠주기도 했다.

1976년 서울시 교육연구원은 유아에게 맞는 명확한 교육목표와 교수방법을 모색하고 발전시키고자 당시 이화유치원에서 실시하고 있던 교육과정을 책으로 집필해줄 것을 요청했다. 이에 이정환 원장은 이화유치원에서 실시해오던 교육활동을 정리하여 『유치원 교육과정 및 운영』이라는 연구보고서를 작성했다. 보고서에는 '즐거운 유치원, 봄 동산, 예수님의 부활, 우리 집 식구, 우리 집 짐승, 들짐승 및 동물원놀이, 여름 위생과 병원놀이, 우리나라, 추수감사절, 보도기관, 크리스마스'와 같이 11개의 단원 주제가 소개되어 있는데, 이는 1960년대 유치원에서 실시되었던 단원 주제들을 체계적으로 재조직·편성한 것이었다.

이후 1977년 연구보고서를 바탕으로 이화여자대학교출판부에서 『유치원 교육과정 및 운영』이라는 책을 발간했다. 이 책에는 기존 보고서에서 사용되었던 용어들 중 일부가 수정되어 있으며(예: 담화→이야기 나누기), 기존 11개였던 단원 주제에 '즐거운 소풍, 아름다운 우리 마을, 곤충, 즐거웠던 여름방학, 겨울 준비와 불조심, 위인들'이 첨가된 총 17개의 단원이 소개되어 있다. 그로부터 2년 후인 1979년 이은화 원장은 『유치원 교육과정 및 운영(개정판)』을 내어 현장의 많은 교사들이 보다 효율적으로 교육과정을 운영할 수 있도록 했다.

이처럼 1960년~1970년대 이화유치원은 이화 고유의 유치원 교육과정을 책으로 엮어냄으로써 이제까지 실시되었던 수많은 교육활동들을 체계적으로 조직 및 정비할 수 있었다. 또한 1977년 책이 출판된 후 1989년까지 11,000부가 팔렸다는 이대출판부의 증언에서 알 수 있듯이 『유치원 교육과정 및 운영』은 당시 유치원들의 교육과정 운영을 위한 자료로서 큰 역할을 했다.

03

자녀교육을 위해 함께하는 아버지들: 부모회

정동 이화유치원과 신촌 이화유치원이 합쳐진 이후 어머니들만을 대상으로 하던 자모회는 어머니와 아버지를 대상으로 하는 부모회로 바뀌었으며, 아버지들도 부모회에 참석할 수 있도록 저녁 시간에 부모회를 개최했다. 당시 이순일 원장이 자모회에서 강연한 '아동 발달 및 특징'을 들은 한 어머니가 남편에게 전달 강의를 했는데, 강의 내용이 매우 좋다고 느낀 남편은 자신도 강의에 참석하고 싶음을 부인에게 피력했다. 이러한 남편의 요청이 어머니를 통해 이순일 원장에게 전달된 것이 어머니와 아버지를 대상으로 한 부모회 개최의 직접적인 계기가 되었다. 이 일화에 대해 이순일

01 강연을 듣고 있는 이화유치원 부모들(1960)
02 부모회 공개 토론: 유아의 기본 습관 형성에 따른 문제 행동(1966)

원장은 다음과 같이 회고했다.

> 자모회가 있던 중 1966년에 이소현 어머니가 참석을 하게 되었고, 이때 유아기 어린이의 발달과 지도에 대해서 강의를 듣고 집에 돌아가서 그 내용을 남편에게 전달했다. 이때 소현이 아버지는 "아니, 그런 내용을 왜 엄마들만 듣고 아버지들에게는 안 들려주는 거야?"라고 아내에게 이야기를 했고, 소현이 어머니는 원장인 내게 그 사실을 알려주었다. 나는 이소현 아버지에게 전화를 해서 "그럼 부모회를 할 테니 오시겠습니까?"라고 물었더니 기꺼이 참석하겠다고 동의하셨다. 그래서 다음 달부터 부모님들께 부모회 참석을 권유하는 편지를 보내게 되었으며, 편지에는 "유아교육은 부모님과 같이 해나가야 한다"는 내용과 "소현 어린이 아버지의 요청에 의해" 부모회가 조직된다는 내용을 담아서 꼭 참석해달라고 편지를 보내게 되었다.
>
> (『창립 90주년 이화유치원 기념집』, 이순일 전직 교사 회고담에서 발췌)

부모회가 결성된 첫해는 자모회장이 이끌었으며, 첫 모임에서는 부모님들께 유치원교육의 목표와 교육내용을 안내하여 앞으로 부모회에 적극 참여해줄 것을 부탁했다. 부모회는 원장 혹은 외부인사의 강의 외에도 패널 토의, 좌담회, 토론, 유아 발달에 관한 영화 감상 및 논평과 같은 다양한 방식으로 운영되었다. 특히 부모회 구성원들 중에는 서울대 교육학과 이영덕 교수, 이화여대 교육심리학과 전찬화 교수, 이화여대 체육과 이윤진 교수 등 각 분야의 전문가들이 있어 이들과 함께 열띤 패널 토의도 진행할 수 있었다. 좌담회는 어떤 한 가지 주제에 대해 서로 경험담을 이야기하며 궁금한 점이나 의문 나는 점을 풀어나가는 방식으로 진행되었다.

부모회는 부모들이 모두 모인 자리에서 정보를 주고받는 방법뿐만 아니라 전시회와 같은 방식도 활용했다. 가정에서 만든 놀잇감과 상품화된 놀잇감의 다른점, 연령별(돌 이전, 2~3세, 3~4세, 4~5세)로 적절한 놀잇감의 종류, 모래놀이의 중요성에 대해 부모들이 한눈에 볼 수 있도록 '장난감 전시회'를 열어 부모들이 유아들을 양육하는 데 도움을 받을 수 있도록 했다.

이 당시 부모회에서는 강연이나 패널 토의, 토론이 끝난 후에 포크댄스 시간을 갖거나 가든파티를 열었다. 어느 해에는 학부모 중에 이화여대 체육대학 교수(김숙자 교수)가 있어 전문가의 훌륭한 진행으로 즐겁게 포스댄스와 게임을 하기도 했다. 가든파티는 어머니들이 각자 집에서 음식을 만들어 오고 아버지들이 서빙을 하는 등 축제 분위기 속에서 진행되었다.

이렇게 진행된 부모회는 자녀교육에 매우 큰 도움이 되었을 뿐만 아니라 어머니와 아버지가 오랜만에 데이트를 할 수 있는 기회

01 부모회에서 포크댄스를 즐기는 모습(1970)
02 부모회에서 주최한 여름 가든파티

가 되기도 했다. 당시에는 자가용이 없어 대부분 걸어서 다녔기 때문에 부모회가 있는 날이면 어머니와 아버지가 손을 잡고 이야기를 나누며 데이트하는 시간을 가질 수 있었다고 한다.

첫 부모회가 결성된 때부터 5대까지 부모회 회장을 맡았던 이준영 아버지는 '이대부속유치원에서 누린 부모교육의 은덕'이라는 제목으로 그 당시 부모회를 회상하며 아래와 같은 글을 남겼다.

> 흔히 유치원에는 자모회 같은 것이 있는데, 유독 이대 유치원에는 부모회가 조직되어서 매달, 한 달에 한 번씩 부모들 모두가 함께 나와 선생님들의 설명도 듣고 대화도 나누며 보다 나은 교육 성과를 위한 협력에 실질적인 노력을 기울였다. 뿐만 아니라 어린이교육과 연관된 모든 분야의 전문 학자들을 모시고 특강 순서를 가졌다. 나는 세 아이들이 연이어 유치원에 다니게 된 덕분에 5년간 부모회장을 맡아 심부름을 하면서 매년 10회씩, 도합 50회의 특강을 받았으니 가히 교육학 석사과정을 덤으로 마쳤다고 자부한다. 40대 초반에 받게 된 국내 최고 석학들의 특강이 그 후 우리 자녀 교육뿐만 아니라 우리 내외의 신학 공부와 목회 활동에까지 큰 도움이 되었기에 말할 수 없는 축복으로 여기며 감사할 따름이다. (『창립 90주년 이화유치원 기념집』, 이준영 아버지 회고담에서 발췌)

이처럼 이화유치원은 부모교육을 위해 기존의 어머니들만이 참여했던 '자모회'에서 아버지까지 참여하는 형태의 '부모회'로 발전시킴으로써 자녀가 전인적으로 성장하는 데 있어 어머니뿐만 아니라 아버지의 역할 또한 중요하다는 것을 몸소 보여주고 실천했다. 또한 기존의 강연회 중심에서 탈피하여 다양한 운영 방식을 적용·운영함으로써 '부모회 운영 방식'에서도 선구적인 역할을 했다.

04
이화유치원의 연구 활동 및 출판물

이화학당 유치원사범과에서 교사교육을 받고 배출된 김애마를 비롯한 임봉선, 이순일, 안희옥, 이정환, 이은화는 이화유치원에서 교사와 원장직을 수행하면서 유치원 초창기의 아동중심, 놀이중심 유치원 교육과정의 토대를 꾸준히 닦았다.

연구 활동

1970년대에 들어서 이화유치원은 한국의 유아교육 발전을 위해 여러 분야에서 연구를 시행했다. 1966년 이화유치원은 시교육위원회 지정에 의해 공개수업을 실시했으며, 문교부 요청으로 제15차 WCOTP 대회에 참석했던 일본 대표자 중 전국 국공립 유치원장회 상임이사 외 4명의 참관 하에 특별 공개수업을 가졌다. 1967년에는 장학관, 장학사, 시내 유치원장 및 교사를 초청하여 공개수업을 실시했으며, 1975년에는 서울시 교육위원회 지정연구학교로서 2년간 유치원 교육과정에 관한 연구를 했는데, 그 결과가 우수하여 서울특별시 교육위원회 하정샘 교육감으로부터 표창장을 받았다.

1978년에는 대한유치원교육협회 주최로 전국 유치원 교사를 대상으로 한 하기 강습회 시범유치원으로 선정되어 시범수업을 진행했으며, 1979년 3월부터 1981년 2월까지는 문교부 연구비를 지원받아 초등학교 병설유치원에 적합한 프로그램 개발에 관한 연구를 실행했다. 이 연구를 위해 본 유치원 유아 30명을 대상으로 부속초등학교에 K-학급을 1년간 설치·운영하고 그 결과를 2개의 공립초등학교 병설유치원에 적용하여 좋은 성과를 거두었다.

또한 1980년 문교부 및 한국행동과학연구소 주최로 진행된 제1차 유치원 교육활동 지도자료 개발에 참여하여 서울시 교육위원회 장학사, 4개 교육구청 유치원 담당 장학사, 장학협력 간사장, 일반 유치원 교사, 서부 관내 유치원 원장과 교사 등 약 200명을 대상으로 시범 공개수업을 실시하기도 했다.

1981년에는 '교수법에 따른 유아교육의 효율성에 관한 연구'를 실시하여 유아교육학회에서 발표했으며, 1982년 4월부터 1984년 5월까지 Woman's Division Call to Prayer에서 연구비를 지원받아 '유아의 영적·사회적 자아 발전을 위한 종합적 프로그램 개발'에 관한 연구를 실행했다. 이 연구에는 유아 종교교육을 위한 프로그램 개발, 아동학대에 관한 조사, 저소득 어린이를 위한 무상교육 등에 관한 내용이 포함되어 있다. 1984년에는 이화유치원의 과학 프로그램을 수정·보완하여 1년간 한 학급에 적용함으로써 유아 과학교육의 통합적 접근 방법을 모색했으며, 서울 시내 유치원과 새마을 유아원 교사들의 질적 향상을 도모하기 위한 시범 공개수업을 실시하기도 했다.

출판물

이화유치원은 1959년 유아들과 생활하며 그들이 즐겨 부르는 노래와 옛 노래들을 엮어 『어린이 노래 모음』을 출판했다(1964년 개정판 출판). 이 책은 여러 노래들을 봄·여름·가을·겨울(계절별), 꽃·

곤충·새·짐승(동식물), 탈 것, 천체, 가정, 착한 아이, 놀이, 새해의 노래, 크리스마스, 손유희로 구분해놓아 교사들이 생활주제에 맞게 편리하게 찾아 활용할 수 있도록 구성했다. 『어린이 노래 모음』은 이후 1970년 안희옥 원장에 의해 『노래 동산』으로 다시 한 번 개정되었다. 이 책은 기존 곡들에 새로운 노래들이 추가되었으며, 노래의 가치와 더불어 바람직한 노래 학습을 위해 어떻게 지도해야 하는지에 대해서도 안내하고 있다. 안희옥 원장은 이 노래집으로 말미암아 유아들이 언제나 즐겁고 행복한 마음을 지니고 자라날 수 있기를 바랐다. 개정판 머리말에서 이러한 안희옥 원장의 마음을 읽어볼 수 있다.

> "사회가 크게 발전해감에 따라 혼잡과 아름답지 못한 것들을 많이 보고 듣게 되는 우리 어린이들을 그 속에서 때묻지 않게 자라도록 하자면 어린이들의 마음을 언제나 즐겁고 행복하게 해주어야 합니다. 이렇게 착하고 아름다운 마음으로 자라도록 해주는 지름길은 그들의 입에서 언제나 깨끗하고 즐거운 노래가 불리어지는 것이 가장 좋은 일이겠지요."
>
> (이화여자대학교 사범대학 부속이화유치원, 1970)

1976년에는 활동에 기초한 학습의 중요성과 언어 발달 및 수학

01 『어린이 노래 모음』(1959)
02 『노래동산』(1970)
03 『활동 속의 창작적 놀이』(1976)
04 『유치원 교육과정 및 운영』(1977)

적 발달을 돕는 활동들이 서술된 로튼(M. B. Lorton)의 책을 이기숙 교수가 번역하여 『활동 속의 창작적 놀이』를 출간했다. 이 책은 우리나라 유치원 및 초등학교 저학년을 위한 경험적 활동과 자료 개발을 위한 교재로서, 자료를 활용하는 방법과 상호작용 방법이 수록되어 있고 활동하고 있는 어린이들의 모습이 사진으로 담겨 있어 현장 교사들에게 많은 도움이 되었다.

1977년 서울시 교육연구원 지원 하에 이화유치원 교육과정에 대한 연구보고서를 기반으로 『유치원 교육과정 및 운영』이라는 책을 출판했다. 그로부터 2년 후인 1979년에는 이 책을 부분적으로 수정한 개정판이 발행되었다. 출판된 『유치원 교육과정 및 운영』은 당시 한국 상황에 적합한 유치원 교사를 위한 지침서와 유아교육전공 학생들이 사용할 교재가 전무한 상황에서 소금과 같은 존재가 되었다.

1978년에는 『유아를 위한 즐거운 놀이』가 발행되었다. 이는 이화유치원 교사들이 유아들과 함께 할 수 있는 게임을 계획 및 실행하고 평가하여 1학기와 2학기, 시기별로 적절한 활동들을 구분하여 모아놓은 것으로, 원 게임·자유 대형 게임·편 게임 등 60여 가지의 게임을 분류하여 소개하고 있다. 이후 수정·보완된 활동들에 대해 변경하거나 새롭게 고안된 활동들을 첨가하기 위해 1987

년 1차, 1989년 2차 개정을 통해 1989년 총 120여 가지의 게임이 수록된 책이 새롭게 출판되었다.

1981년에는 이기숙 교수가 중심이 되어 『유아교육 프로그램 운영을 위한 단원자료집』을 발행하여 이화유치원의 단원 설정이나 전개방법 등을 소개했다. 단원자료집은 Ⅰ(봄, 나와 유치원), Ⅱ(겨울, 내가 살고 있는 세계), Ⅲ(가을, 교통기관), 모두 3권으로 구성되어 있다.

01 『유아를 위한 즐거운 놀이』(1978)
02 『유아교육 프로그램 운영을 위한 단원자료집』(1981)

05

한국 유아교육계에 대한 공헌

전문가에 의한 수준 높은 유아교육 체제를 확립하다

이 시기는 유아들의 발달에 적합한 질 높은 교육 체제를 외적·내적으로 보다 견고하게 확립함으로써 '전문적인 유아교육의 표본'이라는 위상에 오른 중요한 시기이다. 이화유치원을 거쳐 간 많은 교사들은 과거부터 현재까지 누적되어온 유아교육에 대한 전문적인 지식을 집대성하여 전문가에 의한 수준 높은 유아교육 체제를 확립하고자 노력했다.

1915년 유아교사 양성기관으로서 2년제 유치원사범과가 개설된 후 보육학교로 명칭을 바꾸어 운영되던 것이 1951년 피난 중 이화학당에서 한국 최초로 사범대학이 발족한 이후 4년제로 격상되었다. 따라서 이후 이화유치원에서 유아들을 교육한 교사들은 4년제 학사 출신 이상의 유아교육 전문가로서 이전보다 더욱 내실 있는 교육과정을 운영할 수 있었다.

이처럼 이화유치원은 전문성을 갖춘 교사에 의한 교육과정 운영뿐만 아니라, 가장 유아교육적인 유아교육을 실천하기 위한 준비된 교육 환경 마련을 위해 구체적인 사항을 몸소 실천했다. 유아교육에서 보편적으로 사용되고 있는 '유아들의 발달에 적합한'이라는 용어를 당시 이화유치원의 건축 설계에 반영하여 유아중심의 환경에서 유아를 위한 교육 프로그램을 실행하기 위한 전문적인 실천 의지를 보였다. 이러한 노력을 통해 유아들은 보다 안전하고 아름다운 공간, 동시에 교육적인 환경에서 놀이하며 교육받을 수 있게 되었다.

즉 당시의 이화유치원은 유아교육을 전문적으로 배운 수준 높은 교사들의 교육과정 운영을 토대로 유아들의 발달을 고려한 교육 환경을 구축함으로써 수준 높은 교육 체제를 확립했다는 점에서 공헌한 바가 크다.

국가수준 유아교육과정 수립의 초석을 다지다

1914년 유치원이 처음 설립된 때부터 이어져 온 이화유치원의 교육과정은 제1차 국가수준 유치원 교육과정 제정에 기여했다. 또한 이후 수차례에 걸친 교육과정 개정과 2012~2013년에 나온 교육·보육의 통합을 위한 누리과정도 이화유치원 교육과정이 근간이 되었다.

제1차 유치원 교육과정은 1969년이 되어서야 문교부령으로 제정·공포되었다. 당시 문교부 내에는 유아교육 전문가가 없어 초등학교 교사 경력을 가진 정세문 음악편수관이 책임자가 되었다. 그는 일본의 『유치원교육요령』을 기초로 유치원 교육과정 시안을 작성한 후, 이화여대 부속유치원장이며 동시에 대한 유치원교육협회 회장을 맡고 있는 이순일 원장에게 심의를 의뢰했다. 이순일 원장은 심의 내용을 이화유치원 교사들과 검토했으며, 이화여대 유아교육과 이은화 교수의 의견을 많이 반영했다. 미국 유학 후 돌아온 이은화 교수는 당시 미국의 유아교육계에 보편화되어 있던 아동중심·생활중심·경험중심교육 내용들을 유치원 교육과정에 포함시키고자 노력했다.

1979년 제2차 유치원 교육과정이 구성되었다. 당시에도 문교부 내 유아교육 전문가가 없어 문교부 교육과정 심의위원이면서 유아교육에 대한 관심이 많은 이화여대 박준희 교수가 제2차 유치원 교육과정 개정 작업을 맡아 진행했다. 박준희 교수는 교육과정 내용을 결정하기 위하여 이화유치원 전직 교사인 이화여대 유아교육과 이기숙 교수와 협의했다. 그로부터 2년 후인 1981년에는 한국교육개발원이 위탁받아 제3차 유치원 교육과정이, 1987년에는 제4차 유치원 교육과정이 개정되었다.

이후 1992년에 개정된 제5차 유치원 교육과정(이화유치원의 발전기, 1985~2002)은 1~4차 교육과정 개정 시 초등교육에서 주관했던 것과는 달리 유아교육 전문가가 처음으로 연구를 맡아 수행했다는 점에서 질적으로 차이가 있었다. 이는 당시 교육부 교육과정 담당관실의 함수곤 장학관이 유치원 교육과정은 유아교육 전문가들이 전문적인 식견을 가지고 만들어져야 하는 것이라고 말하며(반운경 선생님 면담, 2014. 6. 30), 교육과정 개정 작업과 관련된 것을 전직 이화유치원 원장이면서 당시 교육부 유아교육 담당 교육관이었던 반운경 장학관을 필두로 한국유아교육학회에 맡겼기 때문이었다. 당시 유치원 교육과정은 초등학교 교육과정 개정의 일부로 인식되어 왔기에 교육과정 내에 유아교육의 본질을 담기 어려운 상황이었다. 그런 때에 각론과 함께 총론까지 이화유치원에서 교사, 원감, 원장을 맡았던 반운경 장학관이 총괄 책임자가 되어 개정했다는 점에서 그 어느 시기보다 의의가 크다 할 수 있다.

1998년, 2007년에 걸친 유치원 교육과정 개정과 2012~2013년 어린이집 보육과정과 유치원 교육과정을 통합한 누리과정을 바탕으로 유아교육과정이 개정될 때(이화유치원의 도약기, 2003~2014)에도 이화유치원 교사들은 개정 작업에 참여하여 이화유치원 고유의 교육과정을 전국의 유아교육 현장에 보급하는 데 영향력을 미쳤다.

이처럼 1969년 제1차 유치원 교육과정이 제정될 때부터 여러 차례에 걸쳐 교육과정 개정 작업이 이루어지는 동안 이화유치원 원장과 전·현직 교사들이 대거 참여했다. 이를 통해 이화유치원 교육과정은 국가수준 유아교육과정 수립의 초석을 다지는 데 공헌을 했으며 한국 유아교육의 발전에 크게 기여했다.

전국의 유아교육현장 환경 구성에 모델이 되다

이화유치원은 아동중심 교육과정을 실천하기 위한 아동중심적인 설계를 선도했으며, 오늘날 전국 유아교육현장 환경 구성의 토대가 되었다.

오늘날 유아교육기관 실내 환경의 기본으로 여겨지는 흥미영역 구성은 김애마에 의해 이화유치원에서 최초로 시도된 것이다. 그 당시 흥미영역은 대근육활동과 음률활동을 위한 넓은 공간, 대집단활동 영역, 유리 칸막이벽을 가운데 두고 소음이 많은 음악 영역과 목공 영역으로 나뉘어 있었다. 어린이들은 흥미영역별로 제시되어 있는 목공놀이, 물감 이젤 그림, 그림 맞추기, 타악기, 그림책 등 중에서 자신의 흥미와 관심에 맞게 선택하여 놀이할 수 있었다. 또한 김애마는 컬럼비아대학 부속유치원의 힐이 적목(블록)을 큰 사이즈로 개량한 것이 어린이 발달에 적합하다고 보고(안인희, 이상금, 2003, p.127), 힐 블록(Hill's Floor Block)과 힐 블록을 높게 쌓아도 안전하게 놀이할 수 있도록 구멍과 끼우기가 있는 블록을 구입하여 유아들이 대근육활동 공간에서 다양한 적목놀이를 할 수 있도록 지원했다(이정환, 이은화 선생님 면담, 2014. 5. 30). 이외에도 김애마는 물리적인 환경부터 철저하게 유아중심 설계를 하고자 노력했다. 유아의 키 높이에 맞추어 문의 손잡이, 거울, 옷걸이, 선반, 수도꼭지 등 유치원의 모든 시설과 설비를 낮게 설치했으며, 유아의 신체 크기에 맞추어 화장실 변기를 제작했다. 유아 개개인을 위한 개인 사물함(individual locker)도 만들어 비치하고, 유아들이 사계절의 변화를 언제나 관찰할 수 있도록 창문의 높이가 유아의 시야를 가리지 않게 설계함으로써 생활중심교육을 시도했다.

현재 전국의 모든 유아교육기관에서 볼 수 있는 종이벽돌블록의 시발점 역시 이화유치원이었다. 당시 유아들이 가지고 놀이하던 놀잇감의 대부분을 교사들이 직접 제작하여 제공해주었는데, 종이벽돌블록도 그중의 하나였다. 교사들은 광목천에 자주색 물감으로 벽돌처럼 선을 긋고 천에 풀을 먹여 빳빳하게 만든 후, 병원에서 링거가 담겨 있던 단단한 종이박스를 얻어와 광목천을 겉면에 붙여 쌓기놀이 영역에 내주었다(반운경, 류진희 선생님 면담, 2014. 6. 30). 유아들은 종이벽돌블록을 사용하여 다양한 구성놀이를 할 수 있었으며, 종이벽돌블록이 놀잇감으로서 지닌 장점이 크다는 점을 반영하여 이후 종이벽돌블록의 크기를 작은 것과 큰 것으로 제작하여 전국의 모든 유아교육현장에 보급될 수 있도록 했다.

유아교육기관 교실을 구성하는 영역 중 수·조작놀이 영역도 이화유치원에서 시작되었다. 수·조작놀이 영역은 유치원에서의 또래관계가 익숙하지 않은 유아들이 우선적으로 교구와 상호작용할 수 있도록 하기 위한 이정환 원장의 아이디어로, 각각의 쟁반에 놀잇감을 올려놓았기 때문에 그 당시에는 '쟁반놀이 영역'이라고 불리었다. 쟁반 놀잇감은 유아들이 친숙하게 여기는 것이면서도 동시에 어려운 경제난 속에서 풍요롭게 가지고 놀 수 있도록 조개껍질, 다 쓴 화장품 뚜껑이나 볼펜 등 일상생활에서 쉽게 구할 수 있거나 재활용이 가능한 것들로 구성했다. 이 영역은 쌓기놀이나 역할놀이 영역처럼 여러 명의 유아들이 모여 놀이하는 것이 아닌, 한 명 혹은 두세 명의 유아들이 원하는 놀잇감이 담겨 있는 쟁반을 선택하여 오랜 시간 몰두하며 놀이하는 것으로 유아의 자유선택활동 형태에 변화를 준 새로운 시도였다.

이와 같이 이화유치원을 중심으로 한 유아교육 선구자들의 노력은 전국 유아교육현장에 모델이 되어 보급 및 확산되는 결과를 가져왔다. 그 당시 실시된 새로운 시도들은 오늘날 유아교육현장에서도 실행되고 있는 것으로, 어린이를 중심에 두고 어린이의 입장에서 생각하고 배려하는 것을 최우선으로 여겼던 선구자들의 열정이 오늘날까지 지속되고 있음을 확인할 수 있다.

1985~2002

Ⅲ. 이화유치원의 발전기

질적으로 우수한 한국 유아교육의 리더로 앞장서다

2006년 5월 27일

01

모범적인 최적의 교육시설을 신축하다

1958년 건축되었던 남향 단층의 이화유치원은 해가 거듭됨에 따라 점차 노후해졌다. 마루가 썩어 걸어 다닐 때마다 삐걱거리고 냉난방장치는 너무 낡아서 기차 가는 소리를 간간히 내고는 했다(『창립 90주년 이화유치원 기념집』, 반운경 전직 교사 회고담). 마침 1982년 '유아교육진흥 종합계획'에 이어 1983년 '유아교육진흥법'이 제정되는 등 1980년대에 들어 유아교육에 대한 정부의 관심과 지원이 증가하여 유아교육 발전과 유치원교육에 대한 연구가 더욱 활발해졌다. 당시 문교부는 유아교육 활성화를 위해 건물을 신축 혹은 개축할 필요가 있는 유치원에 보조금을 지원해주겠다고 했는데, 이는 실험과 실습 및 연구기관으로서 보다 발전된 교육시설이 절실히 필요함을 인식하고 있던 이화유치원 교직원들의 바람과 시기를 같이했다. 그리하여 1984년 이화유치원은 문교부로부터 받은 보조금, 수많은 이화의 졸업생들과 학부모들의 희사금, 이화재단의 지원금으로 기존의 단층 건물을 허물고 연건평 407평의 2층 건물을 새로이 짓게 되었다.

당시 반운경 원장은 이화유치원의 교육과정이 오롯이 깃든 전통적인 유치원 건물을 짓기 위해 무엇보다 어린이들이 편안하게 사용할 수 있고, 어린이들과 함께 생활하는 교사들도 편히 사용할 수 있는 공간이 되도록 설계하고자 노력했다. 뿐만 아니라 어린이들이 하루의 대부분을 지낼 곳이므로 위생과 청결을 위해서도 세심하게 고려했다(류진희 선생님 면담, 2014. 6. 30). 반운경 원장과 류진희 원감은 건물이 잘 지어질 수 있도록 시방서를 작성하는 과정에서부터 설계가 완성될 때까지 이화여대 유아교육과 이정환 교수와 이은화 교수, 홍익대 미술대학의 조벽호 교수(이화유치원 졸업생 조영진의 아버지)에게 자문을 구하며 동분서주했다. 반운경 원장은 이화유치원 신축과 관련된 상황에 대해 다음과 같이 회고했다.

이화유치원이 1985년 새로운 모습으로 재정비할 수 있었던 것은 여러 사람들

01 이화유치원 원사 기공식(1984. 10. 12)

02 이화유치원의 새 원사가 뼈대를 잡아가는 모습

03 이화유치원의 머릿돌

의 피땀 어린 노력 덕분이었다. 그 당시 교육부에서는 사립대학 부속유치원에서 신축 또는 개축이 필요한 경우 보조금을 요청하라는 공문이 왔다. 마침 기존 건물이 매우 노후하여 참관객들에게 건물을 공개하기 다소 난처한 상황이었기에 건물 신축안을 고려하게 되었고, 일의 진행 과정에서 김애마 선생님을 찾아갔다. 당시 1층 건물을 세우신 분이 김애마 선생님이었기에 그 분에게 우선 상황을 말씀드려야 한다고 생각했다. 일련의 상황들을 묵묵히 듣고 아무 말이 없으시던 김애마 선생님이 한참 만에 "계속 세상은 바뀌니 새롭게 지어야겠지. 지어야 한다면 잘 지어라."고 말씀하셨는데 그 순간 어찌나 눈물이 흐르던지…

새 원사를 짓기 위한 기금 마련을 위해 바자회를 열고, 그 밖에도 유아교육과 졸업생들, 유아교육과 교수, 이화유치원 졸업생 학부모들로부터 건축기금을 후원받았다. 이제 건설 회사만 정하면 되는 상황에서 뜻하지 않은 사태가 발생했다. 턱없이 적은 건축비와 무엇보다 기존 건축기술이 아닌 '유아교육'에 적합한 모델로서 건물을 지어야 하기에 어느 건설 회사 하나 선뜻 수락하지 않았던 것이다. 고심하고 있던 그때 이러한 상황을 전해 들은 '고합건설'의 주성규 사장님(이정환 원장의 남편)이 감사하게도 흔쾌히 건축을 해주시겠다고 하여 착공에 들어갈 수 있었다.

(중략)

이화유치원이 헐리기 전날 밤 잠을 이룰 수가 없었다. 70여 년의 역사를 간직하고 있는 건물이 내일이면 헐린다고 생각하니 서운함과 두려움과 허전함, 이루 말할 수 없는 감정들이 소용돌이쳤다. 이미 1층 건물에서 유치원을 다녔던 졸업생들에게도 미안하고 당시 다니고 있던 유아들에게도 미안하고, 그럴수록 건물을 잘 지어야겠다는 마음에 참 많이 부담스러웠었다.

(반운경 선생님 면담, 2014. 6. 30)

1984년 9월 27일 시공부터 다음 해 1985년 5월까지 약 1년간 공사가 진행되었으며, 1985년 6월 1일부터 유아들은 새롭게 마련된 원사에서 생활을 할 수 있게 되었다. 이로써 1914년 한국 어린이 16명으로 개원한 이화유치원은 1959년 3학급 120명 인가, 1982년 4학급 120명 인가, 새 원사를 건립한 1985년에는 6학급 180명 인가를 받았으며, 새로이 마련된 보금자리에서 1986년에는 160명의 유아들과 반운경 원장, 류진희 원감, 교사 9명(만 3·4세 학급당 교사 2명, 만 5세 학급당 교사 1명)이 함께 생활을 했다. 당시 학급은 만 3세 병아리반, 만 4세 다람쥐반과 토끼반, 만 5세 개나리반, 무궁화반과 진달래반으로 구성되었다.

이화유치원의 외곽 모양은 유치원 뒤 건물과 대강당 밑의 나무, 땅, 유리, 유리창 등과의 조화를 고려하여 결정되었으며, 각 교실은 '유리'를 적극 활용하여 유아들이 햇살을 받으며 밝은 분위기

01

02

03

04

01~02 이화유치원 준공식(1985. 5. 30)
03~04 원사 내부를 둘러보는 정의숙 총장과 교육 관련 전문가들(상), 김애마 선생님(하)

속에서 지낼 수 있도록 설계되었다. 각 교실에는 베란다를 두어 유아들이 식물을 직접 재배하고 관찰할 수 있도록 했으며, 2층의 두 교실 사이에는 큰 화원을 만들어 유아들이 유리창을 통해 수시로 자연의 아름다움을 감상할 수 있도록 했다.

이화유치원은 특히 유아들의 안전을 고려하여 유사시에 안전하게 대피할 수 있도록 1, 2층의 모든 내부를 외부와 연결시켰다. 1층의 모든 교실에는 교실 내에서 마당으로 곧바로 나갈 수 있도록 문이 설치되었으며, 2층의 교실은 각각 외부 계단을 통하거나 바깥 베란다에 연결된 놀이기구 또는 실내 미끄럼틀을 통하여 신속하게 외부로 나올 수 있도록 했다. 또한 유치원에 설치된 모든 문의 턱을 없애고 모서리의 날카로운 면을 둥글게 했으며 계단은 유아들이 오르내리는 데 적합한 높이로 설치하여 유아들이 안전하고 편리하게 생활할 수 있도록 했다.

교사들의 편의도 고려하여 교실 입구 옆면에 성인의 키를 고려한 적절한 높이의 교사장을 설치함으로써 교실 운영과 관련된 물건들을 용이하게 수납할 수 있도록 했다. 또한 참관객들이 유아들의 교육활동에 지장을 주지 않고 참관할 수 있도록 각 교실마다 일방경(one-sided mirror)이 달린 참관실을 설치했다.

이러한 새 원사를 위한 대공사 중에도 교직원들은 이화유치원

〈2층〉

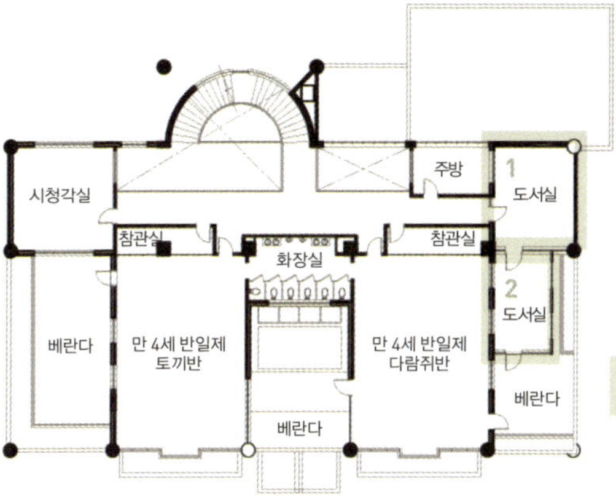

네모 1 표시: 1996년 증축
네모 2 표시: 2009년 증축

〈1층〉

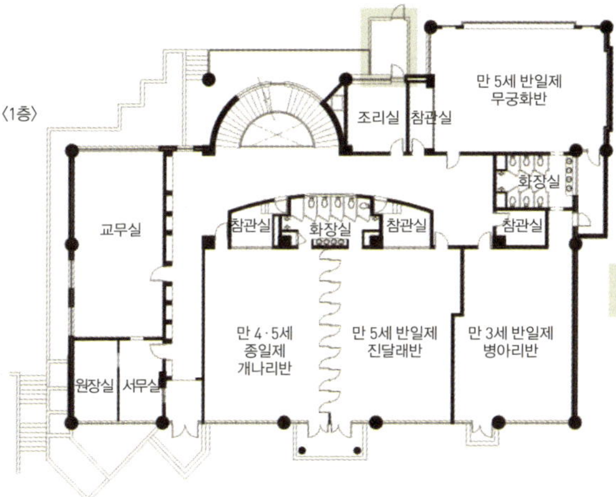

네모 표시: 2004년 증축

〈지하 1층〉

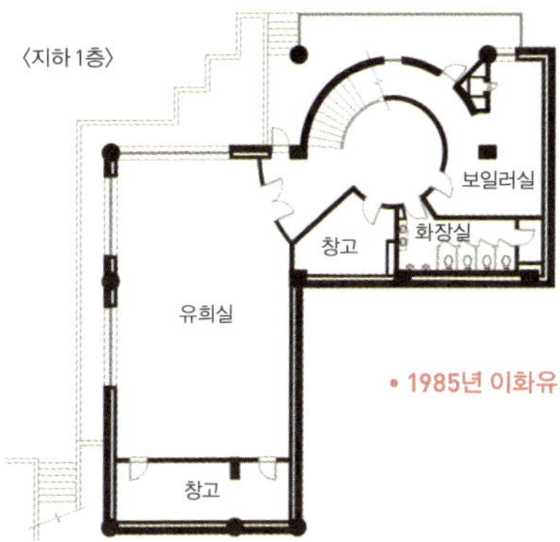

• 1985년 이화유치원 새 원사의 실내 구조도 •

의 교육과정이 정상적으로 운영될 수 있도록 신촌 다락방을 빌려 기존 유치원의 실내 환경과 최대한 비슷하게 구성하여 유아들이 안전하게 유치원에 다닐 수 있도록 했다. 그 밖의 유치원 살림살이들은 부속초등학교의 도움을 받아 창고를 빌려 보관했다.

1985년 5월 많은 사람들의 관심과 사랑, 정성 속에서 재탄생한 이화유치원 건물은 1986년도에 한국건축가협회가 정한 우수 작품(건축가: 김정식)에 선정될 정도로 건축적 성취도가 높고 심미감을 갖추었다. 설계팀과 유치원 교직원, 대학의 유아교육과 교수 등 여러 전문가들이 머리를 맞대고 최선의 노력을 기울여 마련된 이 건물은 현재까지도 이화여대 사범대학 부속유치원으로서 그 위상을 뽐내고 있다.

1985년 5월에 완공된 이화유치원

02

유아의 요구와 상황에 부응하는 융통성 있는 교육의 실천

1914년 개원한 이래 이화유치원은 아동중심교육을 토대로 유아의 발달, 연령, 흥미, 요구 등을 적극 반영하여 교육과정을 계획·수립·실행해왔다. 이때 유아가 주변에서 일어나는 사건들로부터 점차 동심원으로 펼쳐나가며 관심을 가질 수 있도록 단원을 선정하여 활동을 실행하되, 연간교육계획안·주간교육계획안·일일교육계획안과 같이 사전에 구체적으로 계획을 세워 실시했다. 물론 사전에 계획된 활동은 그대로 실시되는 것이 아니라 유아의 발달, 연령, 흥미, 요구 등에 따라 융통성 있게 운영되었다. 즉 이화유치원 교사들은 사전 계획을 바탕으로 교육과정을 운영함과 동시에 매일의 일과를 마친 후에는 반드시 평가를 하고, 평가와 더불어 유아의 흥미와 관심을 고려한 융통성 있는 교육과정을 운영했다. 그러나 그때까지 출판된 문서에는 계획이 부각되어 있어 융통성 있는 교육과정 운영이 두드러지게 보이지 않았다. 이에 2002년 이화유치원교육의 토대가 되는 이론들과 교수학습 원리 등을 체계화시킨 『이화유치원 교육과정』에서는 실제 운영에 있어서 계획된 교육과정이 어떻게 융통성 있게 운영되는지를 부각시키고자 노력했다.

이 시기 이화유치원은 시대적 상황에 부응하여 만 3세 교육과정, 만 4·5세 혼합연령 종일반 교육과정을 개발했다. 우선 유치원 입학 연령이 하향화되면서 어린 연령 유아들의 발달에 적합한 교육과정을 개발·운영하기 위해 이화유치원은 1985년 만 3세반을 신설했다. 만 3세반의 시초는 이화여자대학교 인간발달연구소 부설 유아원이다. 유아원은 1971년부터 만 2세~만 4세 유아들을 대상으로 연령에 적절한 교육과정을 개발하여 적용·운영했고, 사회복지관 소속으로 운영되다가 이후 1982년 사회복지관 유아원이 이화유치원에 병합되었으며, 1985년 이화유치원에 처음으로 가장 어린 연령인 만 3세 학급이 개설되었다. 당시 유아원의 실무를 책임졌던 이은화 원장은 유아원 개설 상황을 다음과 같이 회고했다.

01 블록놀이를 하고 있는 만 3세 병아리반 유아들
02 동극활동을 하고 있는 만 3세 병아리반 유아들
03 교실 내에서 대근육활동을 하고 있는 만 3세 병아리반 유아들
04 애벌레 모양 대근육기구를 타고 있는 만 3세 병아리반 유아들

1970년대 사범대 안에 인간발달연구소가 들어서면서 연구소 소장인 박준희 교수가 만 2세~만 4세 유아들을 대상으로 프로그램 개발을 해볼 것을 제안했다. 당시 사회적으로 조기교육이 필요하다는 목소리가 나오고 있었고, 유아교육에서 어린 연령을 대상으로 발달에 적합한 교육적 접근을 할 필요가 있다는 움직임이 있었기 때문에 신촌 다락방의 방 한 칸을 빌려 시설을 준비하고 만 3세 유아들을 대상으로 교육을 했다. 어린 연령을 대상으로 어떻게 교육해야 할지 몰라 하던 부모들도 유아원 운영을 환영했던 기억이 난다.

(이은화 선생님 면담, 2014. 7. 3)

또한 시대적으로 여성들의 사회 진출이 많아짐에 따라 이화유치원은 1993년부터 혼합연령 오후 재편성 종일반을 시범 운영했다. 1995년에는 만 3·4·5세 혼합연령 단독 종일반을 개설했으며, 1996년부터는 만 4·5세 혼합연령을 대상으로 단독 종일반을 개설하여 현재까지 운영하고 있다.

이러한 시도들은 '유치원 입학 연령 만 3세로의 하향화(1992)', '맞벌이 부부를 위한 종일반 운영(1998)'과 같은 정부의 정책보다 앞서서 이루어진 것이다. 따라서 이화유치원이 시범적으로 교육과정을 운영하며 체계화시킨 자료들은 교육부에서 관련 교육과정 자료들이 개발될 때 적극적으로 활용되었다. 그 결과 이화유치원 고유의 교육과정은 전국 유아교육기관의 만 3세 교육과정과 혼합연령 종일반 교육과정 운영의 밑거름이 되었다.

이외에도 변화하는 국제화 시대에 발맞추기 위해 2000년부터 2002년 9월까지 약 3년에 걸쳐 영어권 지역에 거주한 경험이 있는 만 3·4·5세 어린이를 대상으로 영어를 잊지 않고 계속 구사할 수 있도록 방과 후에 언어교육 프로그램을 실시하기도 했다. 또한 영아기 시기에 두뇌 발달이 급격하게 이루어진다는 연구 결과들이 다수 발표됨에 따라 사회적으로 영아기 특성을 반영한 프로그램 개발이 요구되었다. 이에 2002년 10월부터 이화여대 교육과학연구소 아동교육연구부 주최로 만 2세 영아반을 이화유치원 만 3세반에서 시범적으로 운영하기도 했다. 이를 통해 영아들에게 적합한 활동의 유형과 교수학습방법에 대해 파악할 수 있는 계기가 마련되었다.

이러한 일련의 이화유치원 교육과정은 '전문가에 의해 실천되는 유아교육'이니만큼 전국의 유아교육현장에 모범이 되었으며, 국제적으로도 그 명성이 자자했다. 특히 1985년 신축된 원사가 유치원 건물의 모델로서 자리 잡고, 만 3세 및 혼합연령 종일반 교육과정 등 다양한 형태의 교육과정이 시범적으로 운영됨에 따라 이화유치원을 참관하러 오는 사람들이 많았다. 참관객들 중에는 교육

01 종일반의 휴식 및 낮잠시간

02 이화여대 보건소로 현장학습을 나간 종일반 유아들

계 고위급 인사들도 있었다. 1996년에는 안병영 교육부 장관이 전국 유치원 중 모범적인 최우수 유치원으로 선정된 본원을 특별 방문했으며, 2002년에는 이상주 교육인적자원부 장관이 당시 개발된 부모교육 영상자료 '유능하고 행복한 자녀로 키우기(이기숙 원장 연구책임)' 시연회 및 이화유치원 학부모와의 간담회를 위해 방문하기도 했다. 장관이 방문했을 당시 이화여대 총장과 사대학장도 동행하여 이화유치원의 우수성을 알리는 데 힘썼다.

01

02

03

01 이화유치원을 방문한 이은화 사대학장, 장상 총장, 안병영 교육부 장관, 윤후정 전 총장(1996)

02 이화유치원을 방문한 강순자 사대학장, 신인령 총장, 이상주 교육부 장관(2002)

03 부모교육 영상자료 시연회 및 이상주 부총리님 초청 간담회(2002)

03

부모역량 강화를 위한 부모교육의 활성화

이화유치원의 부모교육은 부모역량 강화를 위해 보다 체계적으로 운영되었다. 부모들에게 양육에 관한 정보·지식을 전달하거나 기술을 가르치는 것뿐만 아니라 교육기관의 프로그램 운영과 구성에 직접 참여하도록 함으로써 부모의 역할을 보다 적극적이고 효율적으로 하도록 도왔다.

기존에 실시되어오던 가든파티는 1980년대 혼란한 시국으로 인하여 더 이상 열리지 않게 되었으며, 이후 1997년 '음악회'라는 새로운 형태의 행사가 실시되었다. 이화유치원의 음악회는 유치원에 재원하는 원아들의 부모들 중 악기 연주, 중창, 독창, 국악 등에 특

이화유치원 마당에서 개최된 음악회 모습(1997)

기를 가진 부모들이 참여하여 발표하는 형태로 진행되었다. 이렇게 1990년대 비정기적으로 열렸던 음악회는 이후 2005년 작은 음악회(2010년에는 음악·춤 감상회)라는 명칭을 갖고 부모들이 준비한 악기 연주와 합창 및 춤, 교사들이 준비한 악기 연주를 바탕으로 2년에 한 번씩 정기적으로 열리고 있다. 스승의 날에는 이화유치원의 부모들이 일일 교사로 자녀의 교육현장에 직접 참여하기도 했다. 교사는 부모와 함께 활동을 정하고 준비하여 스승의 날 당일에 부모가 주교사로서 일과를 진행할 수 있도록 했다.

이 밖에도 이 시기 이화유치원은 유치원 교육과정의 효과적인 운영을 위해 특정한 주제에 대한 경험과 지식이 있거나 재능이 있는 부모들을 조력 인사로 적극 활용했다. 이를 위해 학기 초에 설문을 통해 부모들의 활동, 전문 분야를 파악한 후 관련 수업이나 행사가 있을 경우 그와 관련된 부모의 참여 의사를 물어 도움을 받았다. 부모들은 성인의 도움이 많이 필요한 활동이나 부모들의 특정 능력이 요구되는 프로그램에 보조교사로 참여하기도 했으며(예: 김장하기), '할아버지·할머니 날'이나 '성탄 축하 행사', '수료식'과 같은 행사를 준비하거나 시행할 때에도 참여하여 행사가 원활히 진행될 수 있도록 했다.

유치원교육 프로그램에 필요한 교재·교구들을 제작해야 하거

01~02 '김장하는 날' 어머니들의 조력 활동
03 '아버지 참여일'에 벽면 게시 활동에 참여하는 아버지

나(예: 역할놀이 소품과 의상 만들기, 간식 당번 옷 만들기, 외국 도서 번역하기 등) 낡은 교재·교구를 보수해야 할 때에도 부모들의 자발적인 도움을 받아 실시함으로써 유치원교육을 보다 효과적으로 운영할 수 있었다. 또한 유치원 교육과정을 전개하면서 특정 주제에 관련되거나 교육적인 효과를 보다 극대화시킬 수 있도록 지역사회의 도움을 받아야 할 때, 지역사회 인사로서 부모에게 조력을 청하여 교육을 실시하기도 했다. 이로써 이화유치원은 부모를 교사의 동반자로 보고 양방향적인 상호작용을 함으로써 효과적인 부모 역할을 습득하게 할 뿐만 아니라 부모 자신이 더욱 성장할 수 있도록 지원했다.

또한 1996년부터는 부모들이 주축이 되어 매년 정기적으로 알뜰바자회가 시작되었다. 그러나 이화유치원에서 실시했던 첫 바자회는 새 원사 기금 마련을 목적으로 열었던 1984년이다(반운경 선생님 면담, 2014. 6. 30). 당시 일시적으로 열렸던 알뜰바자회는 이화유치원의 발전을 위한 기금 마련을 목적으로 체계성을 갖추어 1996년 이후 현재까지 매년 열리고 있다.

1997년 이화유치원은 체계적이며 교육적으로 의미 있는 부모교육을 위한 프로그램을 개발하고자 이화여대 사범대학 유아교육과, 교육과학연구소와 함께 '총체적 부모교육 프로그램'을 개발·적

부모회 주관 알뜰바자회

용하기도 했다. 이 프로그램은 유치원 원아의 부모들 중 원하는 부모들이 대상이 되어 자녀를 양육하면서 가장 큰 어려움을 느끼는 주제들을 중심으로 친교, 사전·사후 활동에 대한 토의, 해당 주제 수업, 다음 시간 준비 순으로 실시되었다. 당시 우리나라에서 실시되던 프로그램은 미국 부모들을 대상으로 개발한 것을 번역하여 사용했기 때문에 우리나라 부모들의 사회문화적 상황과 특성에 부합하지 못한 측면이 있었다. 반면 '총체적 부모교육 프로그램'은 우리나라 부모들을 대상으로 개발·실시·평가된 것으로, 기존 프로그램이 가진 문제점들을 해결할 수 있었다는 점에서 의의가 크다고 볼 수 있다.

04
이화유치원의 연구 활동 및 출판물

이화유치원은 10대 반운경 원장, 11대 이정환 원장, 12대 이은화 원장, 13대 이기숙 원장의 주도하에 연구 활동을 활발히 수행했다. 이 당시 연구들은 프로그램을 연구·출판·발표하는 형식이었으며, 교사들은 다양한 프로그램 개발에 연구진으로 참여했다.

연구 활동

이화유치원은 수업의 질을 보다 향상시키고자 연중 지속적으로

서로의 수업을 참관하는 원내 연구수업을 실시했다. 단층 원사 시절, 교육과정이 오전-오후로 분리되어 운영되었을 때에는 교사 상호간의 수업 참관이 가능했지만 원사가 신축된 이후로는 모든 반이 오전반으로 일과가 운영됨으로써 교사 상호간 수업 참관이 불가능하게 되었다. 이에 교사 각자가 맡은 학급 연령과 경력이 저마다 다른 상황에서 타 연령과 다른 교사들에 대한 이해를 돕고 교사로서의 자질을 향상시켜갈 수 있도록 하기 위해 원내 연구수업을 실시했고, 이를 통해 교수학습 능력을 보다 향상시킬 수 있었다.

또한 이화유치원은 여러 유형의 프로그램을 연구하고 이를 공개하여 수많은 유아교육 관련자들이 유용하게 활용할 수 있도록 했다. 1985년에는 이화유치원 교사들이 중심이 되어 '역동적 환경 구성의 실제'라는 제목으로 200여 명의 교사들을 대상으로 연수를 실시했으며, 1986년에는 '유아 미술교육의 이론과 실제'라는 주제로 교사 연수를 했다. 1987년 문교부로부터 서울시를 비롯한 각 시도 장학사들의 연수 유치원으로 위촉받아 63명의 장학사들에게 수업을 공개하고 질문·토의 및 평가하는 시간을 가졌으며, 1991년 한국어린이교육협회로부터 연구비를 받아 물·모래놀이 연구를 실시했다.

1993년에는 한국어린이육영회가 후원하여 전통놀이 이야기 및 동시의 통합적 적용방안에 관한 연구를 실시하고 발표했으며, 한국어린이육영회 세미나 '국제화, 개방화 시대에 대비한 유아교육의 방향 모색'에서 '컴퓨터 영역의 설치 및 운영사례'를 발표했다. 1994년에는 교육부로부터 실험유치원으로 지정되어 기본생활습관 평가도구를 개발한 후 500명이 참석한 가운데 보고회를 가졌으며, 1995년 서부교육청 자율장학회 주최로 실시된 연구수업에서 유아를 위한 게임활동 수업을 시범 공개했다.

1996년에는 유치원교육 우수사례 세미나에서 '효과적인 자유선택활동을 위한 흥미영역의 운영'을 주제로 발표했으며, 1997년 대한유치원교육협회 하기 교사강습회에서 '갈등 있는 전래동화의 활용'이라는 주제로 연수 강의를 했다. 1998년에는 한국어린이교육협회 50주년 기념 세미나에서 '글 없는 그림책의 이해와 컴퓨터 활동의 연계: 뒤죽박죽 동물과 S/W '꼭꼭 숨어라'를 주제로 발표했으며, 서부교육청 관내 유치원 교사를 대상으로 '유치원에서의 프로젝트 적용사례'를 발표했다. 대한유치원교육협회 강연회에서는 '유아 경제교육 사례'를 발표했으며, 대한어린이교육협회로부터 연구비를 지원받아 전 교사가 '효과적인 극놀이 운영에 관한 사례연구'에 참여하고 발표했다. 또한 삼성복지재단 후원으로 '유아 소비자교육' 연구를 실시하여 '유아 소비자교육 프로그램'과 비디오 자료를 개

01

02

01~02 기본생활습관 평가도구 개발 보고회(1995)

발하기도 했다. 1999년에는 대한유치원교육협회와 한국어린이교육협회가 공동 주최한 하기 교사강습회에서 '생활동화를 이용한 반편견 교육활동'을 발표했으며, 서부교육청 관내 유치원 교사 250명을 대상으로 '유아 소비자교육을 위한 워크샵'을, 서부교육청 관내 유치원 학부모 200명을 대상으로 '학부모 조력자를 위한 안내교육'을 실시하기도 했다.

연구 활동은 2000년대에도 지속적으로 이루어져 2001년에는 서부교육청 주관 2001학년도 지구단위 유치원 수업공개 발표회에서 제3지구 공개수업 교사로 수업을 실시했으며, 사범대학 산학 연구로 '프로젝트 접근법 운영'에 대한 연구를 하고, 대한어린이교육협회 후원으로 '요리를 중심으로 한 다문화 교육'에 관한 연구 및 발표를 수행했다. 2002년에는 사단법인 대한어린이교육협회가 주최한 춘계연수에서 '생활주제중심 통합교육과정에 따른 4월 활동계획의 실제'를 발표했으며, 이후 '사회적 능력 증진을 위한 매스미디어의 활용—수해 보도를 중심으로'에 관한 연구를 하고 한국어린이육영회 학술대회에서 발표하기도 했다.

이외에도 이화유치원의 교사들은 외부의 다양한 프로그램 개발 및 유아교육 관련 연구에 연구진으로 참여했다. 즉 1986년 시교육위원회 주최 하에 '유아의 사회·정서 교육 프로그램' 개발, 1986년 문교부에서 발간한 『유아교육을 위한 환경 자료집』 집필, 1986년 시 교육위원회에서 발간한 『상호작용 중심의 유아 인성 계발 교육』 연구 협력, 1987년 교육과정 개편에 맞추어 문교부에서 발간한 『월별 유아교육 자료집』 집필, 1997년부터 2년간 청삼연구소의 지원 하에 '시편을 통한 유아기독교 교육'에 관한 연구 및 활동자료집 집필, 1998년 삼성전자 후원 하에 '유치원에서의 멀티미디어 교육환경'에 관한 연구 참여, 1999년 교육부 제6차 교육과정 지도자료집 집필, 1999년 서울시 교육청 제6차 교육과정 편성운영 지침서 개발, 1999년 가사 실업계 고등학교 『유아 놀이표현 지도 교과서』 편찬 등 다양한 연구 활동을 수행했다.

이처럼 이 시기에 이화유치원은 자체적인 연구수업과 질적으로 우수한 연구 활동을 현장의 교사들과 공유함으로써 참된 교육을 널리 알리고자 노력했다.

출판물

교육 프로그램과 시설·설비 환경 등의 측면에서 타의 모범이 되어온 이화유치원은 1990년대에 들어서 『유치원 교육과정 및 운영』

(1979)의 부족한 점을 보완하며 교육환경, 교육원리 및 교육방법 등의 내용을 연령에 따라 집대성할 필요성을 느끼게 되었다. 이에 1992년과 1995년 두 차례에 걸쳐 이화유치원 교육원리와 내용, 교육방법들을 정리하여 만 3세부터 만 5세까지 각 연령별로 『이화유치원 교육과정 운영의 실제』(34권)를 출판했다.

연령별로 다루는 교육내용과 주제에 따라 구성이 조금씩 차이가 나서 『만 3세 어린이를 위한 이화유치원 교육과정 운영의 실제』는 10권, 『만 4세 어린이를 위한 이화유치원 교육과정 운영의 실제』는 11권, 『만 5세 어린이를 위한 이화유치원 교육과정 운영의 실제』는 13권으로 구성되어 있다. 이중 만 3세를 위한 교육과정은 1992년 시작된 유치원 입학 연령의 하향화에 맞추어 만 3세 연령을 가르치는 교사들에게 큰 도움을 준 것으로 평가되고 있다.

이화유치원 교사들은 이화유치원의 아동중심 철학적 사상을 토대로 각 유아들의 개인차, 연령별 성장 발달차, 연령별 연계성 등을 고려한 교육과정 운영의 실제를 상세히 엮고자 했다. 또한 유아들이 생활 내에서 의미 있는 경험을 가장 가까운 것에서부터 점진적으로 확산해나갈 수 있도록 구성하되, 단원의 선정이나 전개에 있어 융통성과 유연성을 부여하고 교육 효과를 극대화하기 위해 실내·외 환경구성 서술에도 심혈을 기울였다.

『이화유치원 교육과정 운영의 실제』(1992, 1995)

각 책은 '단원 설정의 의의와 목표', '기본 환경 및 자유선택활동을 위한 환경구성', '만 3·4·5세 연령에 따른 활동(미술, 수·과학, 이야기 나누기, 동화·동극·동시, 음악, 음률, 게임, 전이 및 주의 집중)' 및 '부록(실내 환경 배치도 및 주간·일일교육계획안)'으로 구성되어 있다. 구체적으로 '단원 설정의 의의와 목표'에서는 단원을 설정한 이유와 이를 통해 유아들이 달성할 수 있는 목표를 이해와 태도 및 기능의 측면에서 제시했으며, '기본 환경 및 자유선택활동을 위한 환경구성'에서는 복도, 교실, 흥미영역별 환경구성, 실외 환경을 구성할 수 있는 상세한 예를 글과 삽화로 제시했다. '만 3·4·5세 연령에 따른 활동'에서는 각 유형별 활동을 진행하는 데 필요한 준비물과 활동 방법 및 유의점에 대한 내용이 서술되어 있다.

만 3·4·5세 『이화유치원 교육과정 운영의 실제』의 구성은 다음과 같다.

- 만 3세 단원 내용(10권): (1학기) 즐거운 유치원, 봄, 나, 동물, 여름, (2학기) 즐거웠던 여름방학, 교통기관, 우리나라, 가을, 겨울.
- 만 4세 단원 내용(11권): (1학기) 즐거운 유치원, 봄, 나와 가족, 동물, 여름, (2학기) 즐거웠던 여름방학, 교통기관, 우리나라, 가을, 겨울, 즐거웠던 겨울방학.
- 만 5세 단원 내용(13권): (1학기) 즐거운 유치원, 나, 봄, 가족, 동물, 여름, (2학

기) 즐거웠던 여름방학/환경, 지역사회, 우리나라, 세계 여러 나라, 가을, 겨울과 성탄절, 국민학교에 가려면.

2002년 4월에는 그간 축적·발전시켜온 이화유치원의 교육철학과 교육과정 및 실제의 내용을 보다 체계화하여 이기숙 원장과 전·현직 교사들이 『이화유치원 교육과정』을 출판했다. 이는 이화유치원에서 기존에 출판했던, 현장 교사들을 위한 프로그램 운영의 실제에 대한 이론을 체계적으로 조직한 것으로 유아교육현장뿐만 아니라 대학의 유아교육 전공자, 유아교육을 전공하고 있는 예비 유아교사들에게도 도움이 될 수 있는 저서로 인정받았다. 당시 연구 책임자였던 이기숙 원장은 이러한 교육과정이 나오기까지의 배경을 머리말에서 다음과 같이 밝히고 있다.

그동안 이화유치원에서는 만 3·4·5세를 위한 유치원 교육과정 운영의 실제와 이러한 프로그램 내용을 소개하는 비디오 등의 출판물을 발행했다. 그러나 정작 그러한 내용을 이론적으로 체계화한 이화유치원 교육과정이 없어서 현장과 대학의 유아교육 전공자들로부터 많은 요청이 있었다. 이러한 요청에 부응하기 위하여 이화유치원 전·현직 교사들은 함께 모여 많은 연구를 거듭한 끝에 이 책을 집필하게 되었다. (이화여자대학교 사범대학 부속이화유치원, 2002)

이 책은 특히 유아의 흥미와 관심, 반응을 고려하여 교육과정이 구성·운영되고 있음을 강조했다. 이는 연간교육계획안·주간교육계획안·일일교육계획안과 같은 사전 계획이 교사의 융통성 있는 교육과정 운영에 방해가 될 것이라는 외부의 오해를 불식시키기 위해서였다.

『이화유치원 교육과정』은 총 9장으로 구성되어 있다. 그중 1장과 2장은 이화유치원의 역사와 함께 교육과정의 철학적·심리적 기초를 다루고 있으며, 3장은 교육내용의 전반적인 구성과 연령에 따른 운영의 실제, 4장은 교육 환경 구성에 대해 제시하고 있다. 또한 5장은 교수학습방법을 설명하며 자유선택활동과 대·소집단의 구성 등 하루 일과 활동, 6장은 이화유치원에서 실시하고 있는 평가의 유형, 7장은 교육실습과정, 8장과 9장은 부모교육과 유치원에서 이루어지고 있는 행사에 대한 내용을 다루고 있다. 본 서는 이화유치원 교육과정의 이론적 토대를 마련해줌과 동시에 전국 주요 대학과 유아교육기관에 보급되어 아직까지도 우리나라 유치원 교사 교육자료로 활용되고 있다.

2001년에는 이화유치원이 설립된 이래 현재까지 전해 내려오는 역사적인 자료들을 수집·정리하여 『사진으로 보는 이화유치원』을 발간했다.

그 외에도 이화유치원은 이화유치원 프로그램을 보다 생생하게 전달하기 위해 1997년 1년간의 유치원 생활을 촬영하여 비디오를 제작·편집하여 시판하기도 했다. 이 비디오는 한국판뿐 아니라 영어판으로도 제작하여 당시 국내외에서 참관을 오는 경우 이화유치원 교육과정을 소개하는 데에도 사용되었다. 참관객 중에는 자국의 유아교육 관련자들에게 이화유치원의 훌륭한 프로그램을 보여주기 위해 비디오를 구입해가는 사람들도 있었다. 여러 차례 이화유치원을 방문하여 비디오를 구입해간 일본복지대학 테시 치즈(千鶴 勅使) 교수는 비디오의 교육적 효과에 대해 다음과 같이 말했다.

> 이화유치원 프로그램 비디오는 우리 일본에서도 유아교육을 공부하는 학생들에게 큰 도움을 주고 있습니다. 예비 유아교사들에게 질적으로 우수한 유아교육 프로그램의 기본을 이해시키는 데 무척 소중한 자료입니다.
>
> (일본복지대학 테시 치즈 교수 면담, 2012. 2. 28)

이 시기 이화유치원은 이화유치원 교육과정 프로그램을 연령별로 엮고 이에 근간이 되는 이론서를 발간했으며, 이화유치원의 역사를 되돌아볼 수 있는 사진들을 모아 책으로 만들었다. 또한 비

01 이화유치원 프로그램 비디오(1997)
02 『사진으로 보는 이화유치원』(2001)
03 『이화유치원 교육과정』(2002)

디오라는 시청각 자료까지 제작하여 보급함으로써 국내외 유아교육 관련 전문가들에게 우수한 이화유치원의 교육과정을 알리는 데 앞장섰다.

05

한국 유아교육계에 대한 공헌

수많은 연구와 공개수업을 통해
유아교육현장 발전에 이바지하다

이화유치원은 자체적인 연구 활동과 외부에서 요청하는 지정 연구를 지속함으로써 유아교육의 질적인 발전에 교육적 공헌을 해왔다. 이화유치원의 원장, 원감 이하 모든 교사들은 국가기관에서 지정한 많은 연구들에 직접적인 참여를 하며 한국의 유아교육이 성장할 수 있도록 했을 뿐만 아니라, 유아교육 관련 협회에서는 교사들이 주축이 되어 현장에 실제적인 도움이 될 수 있는 다양한 주제의 연수를 활발히 실시했다.

이 시기는 국가적으로 유아교육에 대한 관심이 고조되던 때였다. 이러한 시대적 상황은 이화유치원으로 하여금 미국 유아교육 박사학위 소지자인 이기숙 원장을 필두로 외국에서 이루어지고 있는 유아교육의 내용을 연구에 다양하게 적용할 수 있게 하는 계기가 되었다. 때문에 이 시기 이화유치원에서는 유아교육 발전을 위한 국가적 관심과 요구에 상응하기 위한 많은 연구 활동들이 이루어졌다.

또한 이화유치원은 공개수업 및 참관을 통해 대내외적으로 일궈낸 교육적 성과를 널리 공유하고자 했다. 유치원이 단층이었던 때에는 유치원 내부의 큰 유리창과 유리문을 통해 참관이 이루어졌으며, 1985년 새 원사를 지은 후에는 일방경이 설치된 참관실을 통해 참관객들이 이화유치원 교사들의 질 높은 수업과 교육환경을 자유롭게 볼 수 있었다. 교실을 꽉 매운 참관객들은 교사들의 수업을 가까운 거리에서 직접 보고 이를 자신의 현장에 바로 적용할 수 있었다. 뿐만 아니라 이화유치원에서 공개적으로 실시한 시범 수업들은 관련된 교육부 책자를 집필하는 데 많은 기초 자료가 되었다(반운경, 류진희 선생님 면담, 2014. 6. 30).

이와 같이 이화유치원은 교사들이 인고 끝에 얻어낸 연구 성과와 수업에 대한 노하우 등을 주변에 아낌없이 공개함으로써, 이를 직접 보고 듣고 느낀 현장의 교사들이 각자 자신들이 속해 있는 현장에 적용 가능할 수 있도록 했다. 이처럼 이화유치원의 우수한 교육과정 운영을 공개·공유함으로써 전국 유아교육의 질이 향상될 수 있도록 했다는 점에서 공헌한 바가 크다.

만 3세 교육과정의 기반을 다지다

1960년대부터 미국과 영국 등지에서는 영아들에게 적합한 교육 방법에 대한 연구가 활발히 이루어지고 있었으며, 1970년대 우리나라도 영향을 받아 영아학교가 개설되었다. 그로부터 1년 후인 1971년 이화여자대학교에서도 만 2세~만 4세 유아들을 교육하며 그들의 행동 특징을 연구·실험하여 전인적 발달을 이룰 수 있도록 하는 것을 목적으로 인간발달연구소 부설유아원을 설립했다(경향신문, 1971. 5. 5).

이후 이화유치원은 전 세계적으로 유치원 입학 연령이 하향화됨에 따라 기존에 교육하고 있던 만 4·5세 유아들에 더하여 만 3세 유아를 대상으로 교육하는 방안에 대해 고심하게 되었다. 결국

1985년 이화유치원은 원내에 만 3세 학급을 신설하고, 6학급 인가를 받아 1986년부터 유치원 3학급(만 5세 개나리반·무궁화반·진달래반)과 유아원 3학급(만 3세 병아리반, 만 4세 다람쥐반·토끼반) 형태로 운영을 하게 되었다. 이로써 이화유치원에서 교육하는 연령은 만 4·5세에 더하여 시범적으로 운영하는 만 3세까지 확대되었으며, 이화유치원에서 그간 만 3·4·5세를 대상으로 교육했던 질 높은 교육내용을 전국의 유아교육과 관련된 사람들에게 보급하기 위해 『연령별 유치원 교육과정 운영의 실제』라는 책을 발간했다.

중요한 것은 정부에서 '만 3세 연령의 유치원 입학'이라는 정책을 실시한 1992년 이전에 이화유치원은 이미 만 3세 유아를 대상으로 실험적 교육을 실시하여 그들에게 가장 적절한 교육과정에 대한 기반을 갖추고 이를 바탕으로 『만 3세 이화유치원 교육과정 운영의 실제』를 발간했다는 점이다.

당시 교육부에서도 현장의 교사들이 새롭게 편성된 만 3세의 유아들에게 적절한 교육을 실시할 수 있도록 교사용 지도서를 만들고자 계획했는데, 이화여대 사범대학 부속기관인 이화유치원이 당시 만 3세 교육과정에 대해 선도적인 연구를 진행하고 있었으므로 이화여대 유아교육과 이상금 교수를 책임연구원으로 이화여대 유아교육과 이정환 교수(이화유치원 전직 원장), 교육부 유아교육담당관 반운경(이화유치원 전직 원장), 한국어린이육영회 부속유치원 원장 류진희(이화유치원 전직 원감)를 연구원으로 선임하여 『유치원 교사용 지도서: 3세아 교육활동 지도자료』를 발간했다. 이 자료집은 유아교육기관에서 만 3세 유아를 대상으로 교육 프로그램을 운영해나갈 수 있도록 하는 구체적인 지침서로, 만 3세 유아교육에 대한 이론적인 배경과 실제적인 활동과 자료를 구체적으로 제시함으로써 현장에서의 적용 가능성을 높이고자 했다.

이화유치원은 미래를 보는 눈을 갖고 정부가 정책을 시행하기도 전에 만 3세 유아들을 대상으로 시범적 교육을 실시하여 『만 3세 이화유치원 교육과정 운영의 실제』 책을 발간하고 교육부 발행의 『유치원 교사용 지도서: 3세아 교육활동 지도자료』에도 혼신의 힘을 다하여 만 3세 교육과정에 대한 기반을 다져놓았다. 이는 정부의 유치원 취학 연령 하향화 정책 실시와 함께 한국의 유치원들이 만 3세반을 개설하고 교육하는 데 있어 만 3세 교육과정 운영의 모범적인 모델을 제시해주었다는 점에서 의의가 크다.

종일반 운영의 모범을 보이다

한국 유치원 역사에서 종일반은 급변하는 시대상과 사회·문화가 반영된 결과물 중 하나로 볼 수 있다. 이화유치원은 종일반 운영에 있어서도 다른 유치원들보다 앞서나갔다. 1993년 이정환 원장은 유아들이 기관에 좀 더 남아 있기를 원하는 맞벌이 가정 부모들의 요구를 받아들여 오전 수업을 마친 후 오후에 종일반을 재편성하여 기관에서의 돌봄을 필요로 하는 유아들을 교육했으며, 이후 정부 시책을 반영하여 보다 체계화되고 독립된 종일반의 형태로 발전시켰다.

국가적으로 유치원 종일제 프로그램 운영이 본격적으로 추진된 것은 1993년 행정쇄신위원회에서 '취업모 자녀를 위한 유치원 종일반 운영'을 과제로 선정하면서부터이다. 같은 해에 전국의 29개 유치원에 종일반이 시범 운영되었으며, 교육부에서는 '유치원 종일반 운영 지도자료'를 개발하여 전국 공·사립 유치원에 보급했다. 이를 토대로 '유치원 종일반 운영 확대 방안'이 마련되었으며 1994년 마침내 교육부에서 유치원 종일반 운영 지침이 시달되었고, 1998년에는 초·중등교육법을 토대로 한 종일반 운영이 시작되었다.

이러한 법적 근거가 마련되기에 앞서 이화유치원은 1993년 이정환 원장 때부터 이미 부모들의 현실적인 요구를 반영한 오후 재편성 종일반을 실시했다. 이어서 1995년 이은화 원장 때에는 하나의 독립된 만 3·4·5세 혼합연령 종일반을 운영했으며, 1996년에는 만 4·5세 두 연령이 혼합된 형태의 종일반으로 자리매김하여 현재까지 유지되고 있다.

이화유치원의 종일반 운영은 사회적 요구로 인한 정부 정책으로부터 시작된 것이 아닌, 부모가 기관에 요청한 요구들이 반영되어 실시되었다는 점에서 획기적이었다고 평가할 수 있다. 또한 만 3세 교육과정과 마찬가지로 혼합연령 종일반도 정부의 정책보다 앞선 것으로, 일찍이 유치원 내에서 자발적으로 시범적 운영을 통해 종일반 교육과정을 갖춤으로써 전국 유아교육기관의 종일반 프로그램에 도움을 주었다는 점에서 의의를 지닌다고 볼 수 있다.

2003~2014

Ⅳ. 이화유치원의 도약기

세계 최고의 유아교육기관으로 우뚝 서다

01

21세기 새로운 도약을 위해 전진하다

이화유치원은 1914년 선교사에 의해 세워진 한국 최초의 유치원으로서 기독교 정신과 아동중심이라는 기본적인 신념과 사상을 바탕으로, 현재까지 한국 유치원교육의 발전을 이끌어왔다. 뿐만 아니라 이화유치원은 시대 흐름에 따라 급변하는 사회·문화의 변화를 수용하여 현재의 실정에 맞도록 교육 이념과 가치관을 지속적으로 변화시켜왔다.

1914년 원사를 꾸린 지 90년이 되는 2004년 9월 18일, 이화유치원은 그동안의 역사를 돌이켜보며 21세기 새로운 도약을 위한 '90주년 기념행사'를 가졌다. 이날 행사에는 이화유치원 역사의 산 증

인인 원로 교수들과 현직 유아교육과 교수들, 이화유치원을 졸업한 동창생들, 전국의 유아교육 관련자 등 1,000여 명에 이르는 사람들이 참석하여 성황을 이루었다. 당시 이화학당의 윤후정 이사장과 신인령 총장도 참석하여 자리를 더욱 빛나게 했다. 특히 기념식에서는 이화유치원을 졸업한 후 본교에 재직하고 있는 교수들과 재학 중인 학생들이 축가를 불러 이화유치원의 긴 역사를 모든 사람들이 몸소 느끼는 시간을 가질 수 있었다.

이날 이화유치원 창립 90주년 행사와 더불어 이화유치원을 졸업한 동창생들이 함께 모여 이화유치원의 역사를 공유하고 유치원에서 생활했던 경험들을 다시금 느껴볼 수 있도록 이화유치원 졸업생들을 위한 동창회도 개최되었다. 동창생들은 졸업 사진을 보며 옛 추억에 잠기기도 하고, 변화된 유치원 건물과 교육과정을 보며 세월의 변화를 느끼기도 했다. 한편 초·중·고등학교를 다니는 동창생들은 유치원이 낯설지 않은 듯 각 반에 준비되어 있는 활동들을 능숙하게 즐기는 모습을 보였다. 이처럼 모든 연령층의 졸업생들이 한자리에 모여 다양한 방식으로 역사를 공유할 수 있었던 것은 90여 년의 긴 역사를 지닌 이화유치원이기에 가능했던 것이라 할 수 있다.

2004년 90주년 행사와 함께 개최된 동창회는 2년에 한 번씩 정

01 인사 말씀하는 홍용희 원장
02 축가를 부르고 있는 이화유치원 졸업생들
03 기념식에 참석한 역대 이화유치원 원장들(이은화 원장, 이기숙 원장, 이정환 원장, 이순일 원장)
04 졸업 사진에서 자신의 모습을 찾고 있는 졸업생들

기적으로 열렸으며, 100주년을 맞이하는 2014년에는 100주년 기념 동창회를 성대하게 열 예정이다.

2004년의 90주년 행사 이후 이화유치원은 내·외부적으로 한층 더 도약하기 위해 노력했다. 특히 이 시기에는 시대적·사회적인 요구를 교육과정에 반영하고자 기존의 건축물과 시설·설비에 지속적인 변화를 추구했다. 우선 만 5세 유아를 둔 학부모들의 '시간 연장에 대한 요구'와 더불어 초등학교 교육과의 연계 면에서 초등학교 입학을 앞둔 만 5세 유아의 '점심식사 지도의 필요성'이 제기되면서 2007년 말 약 한 달에 걸쳐 만 5세 유아들의 점심 배식을 위한 주방 리모델링을 대대적으로 실시했다. 이후 2008년 만 5세 학급의 교육과정은 9시~12시 40분까지 운영하던 것(반일제)에서 점심식사를 한 후 오후 2시에 귀가하는 것(시간연장제)으로 변경되었다. 점심식사 지도를 위해 만 5세 학급당 담임교사가 기존 1명에서 2명으로 늘어났으며, 이에 이화유치원의 여섯 학급 담임교사는 각 반별로 2명씩 총 12명이 되었다.

또한 유치원에서뿐만 아니라 가정에서도 유아들이 책과 친숙해질 수 있도록 2007년부터 각 학급별로 30~40여 권의 그림책이 담겨 있는 책수레에서 보고 싶은 책을 빌려갈 수 있는 도서대여 프로그램이 실시되었다. 그림책을 빌려감으로써 유아들은 이전보다 더

01 동창회 기념 고리를 만드는 동창생들(2010)
02 유치원 마당에서 게임하는 동창생들(2012)

많은 그림책을 접할 수 있게 되었으며, 그림책을 읽는 즐거움을 느낄 수 있게 되었다.

그러던 중 2009년에 서울특별시 서부교육청에서 유아 발달에 적합한 유치원 독서교육 방법 모색과 내실화를 목적으로 '유치원 도서실 조성 및 운영비 지원' 계획이 추진되면서 이화유치원에서도 교육청에서 지원을 받아 독서교육 활성화를 위한 도서실 프로그램을 운영하게 되었다. 당시 본원에는 도서실이 독립적으로 운영되고 있지 않았기에 2009년 이화유치원 2층 동쪽에 위치한 소집단 활동실을 '어린이 도서실'로 변경하기 위한 공사를 실시하게 되었다. 기존의 소집단 활동실 외벽을 허물고 베란다까지 공간을 넓혀 증축 공사를 했으며, 벽지는 유아들이 직접 그린 그림을 활용하여 유아들에게 친숙한 공간이 될 수 있도록 했다.

이로써 각 학급에서 실시되던 도서대여 프로그램은 어린이 도서실에 진열되어 있는 그림책들 중에서 보고 싶은 책을 고르고, 그림책에 붙어 있는 바코드를 컴퓨터 프로그램으로 인식하여 빌릴 수 있도록 하여 보다 체계를 갖춘 프로그램으로 운영할 수 있게 되었다. 어린이 도서실에는 유아 대상 그림책뿐만 아니라 어른 대상 양서도 비치해놓아 부모들도 자유롭게 책을 대여할 수 있도록 했다. 이러한 프로그램은 유아와 더불어 부모까지도 자연스럽게 책을 접할 수 있게 하는 긍정적인 결과를 가져왔다.

2000년대 후반은 유치원 시설·설비의 안전 점검이 강조된 시기이기도 하다. 이러한 시대 상황을 반영하여 이화유치원 역시 건물 시설과 설비를 재점검하고 보수하는 과정을 거쳤다. 2008년에 실내·외 놀이시설의 안전 실태 파악을 위해 한국생활환경시험연구원에 의뢰하여 유치원 놀이시설 안전진단을 받았으며, 그해 말에는 국제기숙사 건축으로 인해 사라졌던 울타리와 대문을 유치원의 앞마당과 뒷마당에 설치하여 유아들의 안전사고에 대비하고자 했다. 이어 2010년에는 여름방학을 활용하여 기존의 종합놀이터를 '어린이놀이시설 안전관리법'에 부합하는 놀이시설로 모두 교체하는 공사가 이루어졌다.

이처럼 2000년대 이화유치원은 유아들이 안전하게 유치원 생활을 할 수 있도록 안전기준법에 맞는 공간으로 변화되어 지금까지도 유아들의 행복한 삶을 위한 보금자리로서의 역할을 지속하고 있다.

01 이화유치원의 '어린이 도서실'
02 이화유치원의 대문

03 이화유치원의 울타리
04 2010년 공사 이후 종합놀이터(만 4·5세용)
05 2010년 공사 이후 종합놀이터(만 3세용)

02

한국 전통문화와 바른 인성을 강조하는 교육의 실천

이화유치원은 이화유치원 고유의 교육과정을 토대로 하되 시대에 부응하는 새로운 교육내용들을 도입·적용하여 보다 알찬 교육과정을 구성하고자 노력해왔다. 즉 21세기에 들어 책 읽기의 중요성이 더욱 강조되면서 유치원에서의 도서대여 프로그램이 활성화되었으며, 한국의 고유 문화에 대한 관심이 증가하면서 기존에 실시하고 있던 전통문화예술교육을 더욱 체계적으로 실시했다. 아울러 사회 구조가 변화되고 가치관의 혼란으로 여러 사회 문제가 야기되자, 유아들이 바른 인성을 함양할 수 있도록 기독교교육을 포함한 다양한 인성교육 활동을 적극적으로 실시했다.

우선 2007년부터 각 학급 내에서 그림책을 대여할 수 있는 도서 대여 프로그램이 시작되었다. 일주일에 한 번씩(월요일 대출, 목요일 반납) 학급 내에 비치되어 있는 책수레에서 원하는 그림책을 빌리는 형식으로 실시되었으며, 그림책을 활용한 통합적 교육활동도 이루어졌다. 유아들이 많이 빌려간 그림책이 무엇인지 비교하는 활동에서부터 투표를 통해 선정된 그림책을 바탕으로 심화 활동(예: 그림책 주인공이 등장하는 게임 활동, 인형극 활동, 동화 개작 활동, 동극 활동 등)을 하는 등 다양한 활동들이 진행되었다.

2007년도에 각 학급에서 운영되던 도서대여 프로그램은 2009년에 유치원의 2층 소집단 활동실이 도서실로 변경되면서 보다 체계화된 형태를 갖추게 되었다. 실제 도서관에서 책을 빌리는 것처럼 유아들에게는 도서대여 카드가 발급되었으며, 다양한 그림책들 중에서 원하는 그림책 3권을 골라 부모 자원봉사자인 사서에게 주면 사서가 컴퓨터 잭으로 바코드를 읽어 전산 처리가 되는 일련의 상황들을 유아들이 경험할 수 있게 되었다.

어린이 도서실이 설치된 이후, 이화유치원 교사들은 이를 교육적으로 의미 있게 활용하고자 노력하고 있다. 유아들이 그림책을 즐겁고 재미있게 느낄 수 있도록 일과 시간 중에도 아늑하고 편안하게 꾸며진 도서실에서 그림책을 볼 수 있도록 하고 있으며, 형반

01 책수레에서 그림책을 고르는 유아들(2007)
02 부모 자원봉사자의 도움을 받아 그림책을
대여하는 유아들
03 빌려가고 싶은 그림책을 직접 고르고 있는 유아들

과 동생반 유아들이 서로 짝이 되어 형이 동생에게 책을 보여주고 들려주며 리더십을 키우는 활동도 실시하고 있다. 그 밖에도 초등학교 입학을 앞둔 만 5세 유아들이 재미있고 쉽게 읽을 수 있는 그림책을 여러 권 구입하여 도서실에 구비된 책상에 앉아 함께 읽어보고 인상 깊었던 단어들을 직접 써보면서 기본적인 읽기·쓰기 능력을 지닐 수 있도록 지도하고 있다.

2008년 2월 10일에는 역사적으로 기록될 만한 '숭례문 방화사건'이 발생했다. 당시 대중매체에서는 '숭례문 방화'에 대한 기사를 다루면서 우리나라 문화유산의 중요성과 보호 및 보전에 대한 국민들의 관심을 강조했다. 이 기사를 접한 많은 유아들이 유치원에 와서 숭례문 사건에 대해 이야기하고, 놀이 속에서 이를 표현하기도 했다. 이에 21세기를 살아가는 유아들이 전통문화 경시 풍조가 만연한 사회 속에서 민족적 정체성을 가지고 민족의 전통을 계승하고 재창조할 수 있는 능력을 가질 수 있도록 전통문화교육을 보다 체계적으로 실시하게 되었다. 전통문화는 사회 구성원 개인의 행동양식과 생활양식을 비롯하여 사상·종교·예술·문화·풍속과 같은 예술과도 밀접한 관련이 있기에, 전통문화교육에서는 특히 예술교육을 활용하여 교육적 효과를 증대시키고자 했다. 그리하여 우리나라의 전통적인 미적 표현의 한 방법인 '오방색과 색동'을 중심으로 유아 전통문화예술교육을 실시했다. 때마침 본원이 서울특별시교육청 연구유치원으로 지정되어 1년간 연구·실행한 전통문화예술교육을 교육청 소속 전문직과 유치원 원장 및 교사들을 대상으로 발표하여 유아 전통문화예술교육의 필요성과 더불어 유아 전통문화교육의 모범적인 실제를 보여주는 역할을 했다.

2010년부터는 유치원에서 실시되고 있는 생활주제를 토대로 유아들의 흥미와 발달 수준이 고려되고, 기독교교육의 기본 이념이 포함된 정기적인 어린이 예배가 시작되었다. 선교사가 최초로 설립·운영한 이화유치원은 1914년 이래 '기독교 정신을 토대로 하여 유아의 성장과 발달에 적합한 교육적 환경 및 교육내용으로 심신이 건강한 민주 시민을 육성한다.'라는 교육 이념을 토대로 교육과정을 운영해왔다. 따라서 기독교 정신에 입각하여 생활주제의 의의와 목표를 선정했으며, 특히 부활절, 추수감사절, 성탄절과 같은 기독교 관련 기념일이 되면 예배, 성경 이야기, 노래, 기도 등의 교육활동을 진행했다. 그때마다 유아들이 하나님과 성경에 큰 관심과 흥미를 보여 연중 지속적이고 통합적인 기독교교육 프로그램을 실시하기 위한 움직임이 일었다. 이에 2009년부터는 기존에 진행하던 기독교 관련 활동과 더불어 나의 기도 제목 이야기하고 기도하기, 학급의 기도 제목 듣고 함께 기도하기를 실시했으며 전도

01 전통문화예술교육 활동:
색동보자기 만들기(2008)
02 전통문화예술교육 활동:
문지기 놀이(2008)
03 전통문화예술교육 활동:
장 담그기(2008)

사를 초빙하여 성경말씀을 듣는 시간도 가졌다.

이후 2010년부터 전도사를 초빙한 '어린이 예배'가 정기적으로 실시되었다. 처음에는 한 달에 1회로 계획되었으나 유아들의 반응이 좋아 매주 1회 실시하게 되었다. 예배는 유아들의 발달 수준을 고려하여 만 5세 2학급(무궁화반, 진달래반)과 만 4·5세 혼합연령 종일반(개나리반) 유아들이 함께 예배를 드리고, 만 3세 학급(병아리반)과 만 4세 2학급(다람쥐반, 토끼반)이 함께 예배를 드리는 형태로 진행되었다. 전도사와 함께하는 어린이 예배는 어린이들이 항상 기다리고 원하는 활동으로 2014년 현재까지도 계속되고 있다.

이화유치원은 과거부터 현재까지 유아들이 공동체의 일원으로서 '참된 어린이(眞), 착한 어린이(善), 아름다운 어린이(美)'로 성장할 수 있도록 돕는 전인교육을 실천해왔다. 하지만 오늘날 정보화·세계화·개방화 등에 따른 급격한 사회 구조 및 가치관의 변화로 여러 가지 사회 문제가 발생하자 바른 인성 함양을 강조하는 교육의 필요성이 대두되었다. 때마침 2012년 교육과학기술부와 보건복지부가 공동으로 추진한 '바른 인성교육 우수 유치원·어린이집 공모 및 운영사업'에서 이화유치원이 최우수 기관으로 선정되었다. 이에 기존에 실시하고 있던 인성교육에 '배려·존중·협력·나눔·질서·효'와 같은 덕목을 더하여 이를 바탕으로 유아들이 민주주

01~02 전도사와 함께하는 어린이 예배

의 사회에서 책임감 있는 시민으로 살아갈 수 있는 역량과 바른 인성을 기를 수 있도록 돕고, 더불어 인성교육에 어려움을 겪고 있는 현장의 교사들에게 인성교육의 모범을 보이고자 2012년부터 인성교육 프로그램 개발·적용에 박차를 가했다.

2012년에는 이화유치원 여섯 학급의 학기 초 유아들의 특성에 기초하여 중요하게 다루어야 할 인성교육의 주제를 학급별로 선정하여 인성교육을 실행했다. 만 3세 병아리반은 형–동생 간 긍정적인 관계 형성 능력을, 만 4세 토끼반은 나눔 실천 능력을, 만 4세 다람쥐반은 배려하고 협력하는 능력을, 만 5세 무궁화반은 긍정적인 의사소통 능력을, 만 5세 진달래반은 또래 간 협력 및 문제 해결 능력을, 마지막으로 만 4·5세 개나리반은 형·동생 간에 우애 있는 관계를 가질 수 있도록 활동을 계획·실시했다.

이어 외동아들이 많은 이 시대에 유아들이 형·동생과 같은 타 연령의 유아들과 어울리며 협력하고 배려할 수 있는 기회를 만들어주기 위해, 2013년에는 학급 내에서 인성교육을 다루는 것에서 나아가 만 3·4·5세 학급 간 교류 및 협력활동을 기반으로 한 인성교육을 실시했다. 연중행사 및 일과 운영 내에 형과 동생이 서로 만나 다양한 대·소집단 활동들을 함께 할 수 있도록 계획했으며, 형과 동생이 멘토–멘티가 되어 형들이 동생들에게 적절히 도움을 줄 수 있도록 격려했다. 기존에 실시되던 어린이 벼룩시장은 각 반에서 벼룩시장을 위한 준비를 하고 동일 연령 다른 학급에서 물건을 사러 오는 형식으로 진행되었는데, 형·동생 간 교류가 활성화된 2013년에는 만 3·4·5세 모든 연령의 유아들이 10개의 모둠에 골고루 섞여 다 함께 벼룩시장을 준비하는 형식으로 실시되었다. 이처럼 유아들이 서로 협력하여 공동체를 충분히 경험할 수 있는 활동들을 제공해줌으로써 유아들은 배려·존중·협력·나눔·질서와 같은 인성 덕목을 자연스럽게 함양할 수 있었다.

2014년 올해는 한국 유아교육의 100년사와 함께 이화유치원도 100주년을 맞이하는 해로 유아들이 역사교육을 통해 바른 인성을 함양할 수 있도록 교육과정을 운영하고 있다. 교육과정은 유아의 발달 수준을 고려하여 만 3세는 '나'를 중심으로 한 역사교육 활동을, 만 4세는 '나'에서 나아가 가족과 학급을 중심으로 한 역사교육 활동을, 만 5세는 만 3·4세의 역사교육 내용을 보다 심화·확장하여 나, 가족, 지역사회뿐만 아니라 유치원과 우리나라를 중심으로 한 역사교육을 실시하고 있다. 이를 통해 유아가 자신의 역사로부터 시작하여 주변의 인적·물적 환경의 역사에 대해 탐구하는 과정을 통해 유아 스스로 시간·변화·과거·삶의 연속성에 대한 역사 개념을 느끼고, 시간의 연속선상에서 다른 사람들과 더불어 평

01 형과 동생이 함께 그림책 보기(2008)
02 여섯 학급이 힘을 모아 다 함께 참여한 어린이 벼룩시장(2013)
03 나의 역사 알아보기(2014)

화롭게 살아가는 삶의 중요성과 방법, 지혜를 터득할 수 있도록 하고 있다. 역사를 알아보는 일련의 교육과정 속에서 유아들은 지나간 과거, 현재의 삶, 그리고 앞으로 다가올 미래에 대해 좀 더 의미 있게 생각하는 모습을 보이고 있으며, 학부모들 또한 이러한 유아들의 반응에 인성교육의 효과를 몸소 확인하면서 감동하고 있다. 이화유치원의 한국 전통문화교육과 인성교육은 현재도 계속 진행 중에 있으며 100년이 된 이화유치원 역사와 함께 향후에도 지속될 것이다.

03
부모-기관 상호 협력을 위한 부모 참여의 극대화

최근 많은 연구들에서는 부모 자신이 자녀가 다니는 유아교육기관에 직접 참여하고 긴밀한 유대 관계를 가질 때, 부모가 자녀를 바르게 이해하고 지도할 수 있으며, 교육의 효율성이 극대화됨이 밝혀지고 있다. 이러한 시대적 상황을 반영하여 이화유치원은 설립 당시부터 적극적으로 이루어져 온 부모교육의 기틀 위에서 부모들이 더욱 적극적으로 유치원에 참여하여 부모와 기관이 협력하는 관계로 나아갈 수 있도록 노력했다.

학기 초 설문을 통해 부모 또는 조부모의 특기, 취미, 자원을 파악한 후, 적절한 시기에 도움을 요청하는 '부모 자원봉사 조력 활동'을 더욱 활성화시킴으로써 부모와 조부모에게는 자녀교육에 대한 참여 기회를 넓혀주고, 유아들에게는 다양하고 풍부한 교육 경험을 줄 수 있도록 했다. 기존에 부모들로부터 도움을 받았던 교재·교구 및 그림 자료 제작 및 수선, 요리 활동, 부모 직장 견학, 구강 검진 이외에도 외국어(영어·일본어·중국어)에 능통한 부모로부터 외국어 동화 듣기, 유치원 안내 책자 및 원서(그림책) 번역 작업, 점심식사 배식 및 이 닦기 지도, 다양한 조형활동 지도(청자토·천연 염색), 안과 검진 및 교육, 도서실 자원봉사자 등 유아들의 교육활동에 직접 관여하는 것부터 유치원 마당 내외 조경 관리와 같은 기관 운영과 관련된 것까지 여러 방면에서 부모들의 참여를 독려하고 있다.

기존에 있었던 부모 임원회의는 2000년대에 들어서서 더욱 활성화되었다. 즉 원장, 원감 및 각 학급 부모회 임원들과 함께 유치원의 각종 행사, 부모 조력 활동, 부모회 운영 등에 대해 계획하고 평가하는 임원회의를 매달 한 번씩 정기적으로 열어 부모와 유치원 간 소통이 원활할 수 있도록 했다. 2012년 하반기부터는 부모 임원회의에 더하여, 학부모의 공식적 참여 통로이며 동시에 유치원 운영에 대한 민주성·합리성·투명성 제고 및 유치원의 자율성과 책무성 강화를 위한 자문기구인 '유치원운영위원회'를 도입하여 운영

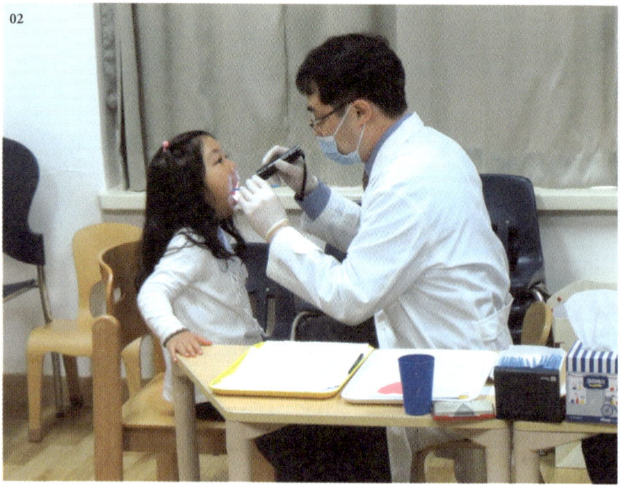

01 점심식사 배식을 하는 부모 조력자
02 구강 검진을 하는 부모 조력자

하고 있다. 유치원운영위원회는 원장을 포함한 교원위원과 학부모 위원으로 구성되며, 전반적인 유치원 운영과 관련된 안건들을 중심으로 서로 협의하고 의견을 나누며 토의하는 방식으로 이루어지고 있다.

2013년에는 부모를 대상으로 9차례에 걸쳐 자녀의 인성교육을 위한 소집단 토론을 실시했다. 소집단 토론은 자녀의 인성교육이 유치원과 가정이 연계되어 더욱 효과적으로 이루어질 수 있도록 하기 위해 시작된 프로그램으로, 교육과학기술부에서 제공한 '유아 인성교육을 위한 부모훈련 프로그램' 소책자를 활용하여 원하는 부모들을 대상으로 한 달에 한 번 정기적으로 진행되었다. 이러한 프로그램 운영은 부모들의 유치원교육 활동에 대한 관심과 격려를 더욱 고조시키는 계기가 되었다.

이화유치원은 부모의 적극적 참여를 위해 다양한 프로그램을 개발·적용할 뿐 아니라 부모들이 건의하는 내용을 적극 수용했으며, 그 결과로 '어머니 성경 모임' 프로그램이 생겨났다. 2010년부터 시작된 어린이 예배가 유아들에게 좋은 영향을 미치고 있음을 경험한 어머니들은 유치원에 어머니들을 위한 성경 모임을 만들고 싶다는 의견을 자발적으로 제시했고, 이를 수용하여 2012년부터 일주일에 한 번씩 어머니 성경 모임이 열리고 있다.

이처럼 현재 이화유치원은 원사가 세워진 이후 수많은 세월 동안 개발되어온 부모교육의 틀을 기본 토대로 하되, 유아교육에 대한 이해가 부족한 부모들을 교육시킨다는 측면이 아닌 부모와 기관이 상호 협력 하에 함께한다는 측면에서 부모를 바라보고 있다. 따라서 부모들이 기관에 적극적으로 참여할 수 있도록 독려하고 있으며, 상호 호혜적인 관계 속에서 가정과 기관이 유아에게 일관된 교육을 할 수 있도록 끊임없이 노력하고 있다.

자녀의 인성교육을 위한 소집단 토론(2013)

04
이화유치원의 연구 활동 및 출판물

2000년대 이화유치원은 14대 홍용희 원장에 이어 15대 엄정애 원장이 이끌고 있으며, 서울특별시교육청 지정 연구유치원과 로봇기반교육지원단 협력 유치원, 바른 인성교육 최우수 유치원으로 선정되어 질 높은 유아교육을 위한 연구를 활발히 수행하고 있다.

연구 활동

2004년에는 한국 유아교육현장의 정체성 확립을 위한 노력의 일

환으로 한국유아교육학회 학술대회에서 이화유치원 교육과정을 발표했으며, 유치원 종일반 프로그램의 질 제고에 대한 연구를 토대로 대한어린이교육협회에서 연구 결과를 발표했다. 창립 90주년 기념식 때 발표했던 만 5세 프로젝트 활동 '구멍에 빠진 신발'을 장학사, 초등학교 교감, 중학교 교사 등 여러 교육기관 관계자들을 대상으로 발표하여 이화유치원에서 실시되는 고유의 프로그램이 우리나라 교육기관 곳곳에서 활용될 수 있도록 했다. 2005년에는 한국새세대육영회 주최로 유아의 수학적 능력 향상을 위한 수학교육 방법을 연구한 후 수학교육 방법 및 대·소집단 활동 사례를 전국 유치원과 어린이집 교사에게 발표했으며, 2006년에는 제7차 유치원 교육과정 개정안 검토·협의 및 심의를 위해 홍용희 원장이 교육인적자원부 회의에 참여했다. 2007년에는 서울유아교육방송연구회 주최로 당시 이화유치원에서 실시되고 있던 그림책 대여 프로그램 운영 방법에 대해 전국 유아교육기관 원장 및 교사에게 발표하는 시간을 가졌다.

2008년에는 서울특별시교육청 연구유치원으로 지정되어 '유아 전통문화예술교육의 연계성 및 통합성 연구: 오방색과 색동을 중심으로'를 연구한 후 10월 22일 교육청 소속 전문직과 유치원 원장 및 교사들을 대상으로 보고회를 가졌다. 500여 명의 참관객들은

01 유아 전통문화예술교육의 연계성 및 통합성 연구발표회(2008)
02 연구보고서(2008)

영상물을 통해 시범 운영 보고를 들은 후 유치원으로 이동하여 유치원 곳곳에 전시되어 있는 전통문화예술교육 관련 전시물을 관람하고, 만 3세 병아리반, 만 4세 다람쥐반, 만 5세 무궁화반에서 이루어지는 공개수업을 참관하는 기회를 가졌다. 이후 유희실로 이동하여 시범 운영 보고회에 대한 질의응답을 하는 시간도 가졌다.

2009년에는 이화여대 사범대학 부속학교 연구발표회에서 '만 4세 학급 유아들의 원만한 친구관계 형성을 위한 실행 연구'를 연구·발표했으며, 2010년에는 서울특별시 서부교육지원청 주최로 '만 5세 유아의 읽기·쓰기 교육의 효과적인 방법'에 대한 연구를 수행하고 관내 초등학교와 유치원 교사를 대상으로 발표했다. 2010년도에는 '교육과학기술부 산하 로봇기반교육지원단의 R-Learning 사업 협력 유치원'으로 선정되어 2011년까지 2년간 로봇을 교육적으로 유의미하게 활용할 수 있는 방안에 대해 연구하고 로봇기반교육 협력 유치원 교사를 대상으로 발표했다.

2012년과 2013년에는 누리과정 실시에 따라 이화유치원 교사들이 만 3·4·5세 누리과정 지도서 중 '봄·여름·가을·겨울'을 집필했다. 특히 2012년에는 교육과학기술부와 보건복지부가 공동으로 추진한 '바른 인성교육 우수 유치원·어린이집 공모 및 운영사업'에서 최우수 기관으로 선정되어 서울특별시 서부교육지원청 관내

01

01 안전하고 행복한 유치원 구현을 위한 유아인성교육의 실제Ⅱ 사례보고회(2013)
02~03 연구보고서(2012,2013)

02

03

유치원 원장 및 교사를 대상으로 유치원에서 인성교육을 계획·실시한 것을 바탕으로 '안전하고 행복한 유치원 구현을 위한 유아 인성교육의 실제Ⅰ' 사례보고회를 가졌다. 2013년에는 만 3·4·5세 학급 간 교류와 협력활동을 중심으로 인성교육 실제를 연구한 뒤, 서울특별시 관내 유치원 원장 및 교사를 대상으로 '안전하고 행복한 유치원 구현을 위한 유아 인성교육의 실제Ⅱ' 사례보고회를 개최했다.

출판물

이화유치원 창립 90주년이 되는 2004년에는 이화유치원의 역사를 되돌아보고 앞으로 나아가야 할 방향을 가늠한다는 목적으로 『창립 90주년 이화유치원 기념집』을 발간했다. 기념집은 1부 이화유치원의 역대 원장과 역사가 담긴 사진들, 2부 이화유치원의 설립 배경과 과정, 이화유치원 교육과정의 철학적·심리적 기초, 3부 이화유치원 교육과정의 이론과 실제 관련 논문, 4부 역대 원장 및 교사·부모회장·동창들의 회고담, 5부 전·현직 교사 명단, 유치원 주요 행사, 학부모들이 이화유치원을 지원하는 이유, 유치원 참관

소감 등 총 5부로 구성되어 있다. 이 기념집은 이화유치원의 역사적 자료집으로서 유아교육과 관련된 모든 사람들에게 이화유치원의 역사, 사명, 역할을 이해하는 데 도움을 주었으며, 한국 유아교육의 산 역사를 이해하고자 하는 사람들에게도 귀중한 참고자료가 되었다. 때를 같이하여 『사진으로 보는 이화유치원』(2001)을 영문판으로 새롭게 발간하여 매년 유치원에 방문하는 해외 참관객들이 보다 쉽게 이화유치원 교육과정과 역사를 이해할 수 있도록 했다.

2011~2012년에는 『이화유치원 교육과정 운영의 실제』 편이 개정되어 출판되었는데, 이는 1992년과 1995년 만 3·4·5세 각 연령별로 『이화유치원 교육과정 운영의 실제』(34권)를 출판한 이후 개정한 것이다. 기존 『이화유치원 교육과정 운영의 실제』에 수록되었던 활동들 중에는 최근 유아들의 발달적 특성, 요구, 흥미에 보다 적합하게, 또는 시대적 변화와 요구에 부응할 수 있도록 수정·보완해야 할 활동들이 있었으며, 기존 책이 나온 이후로 이화유치원에서 실행해온 각종 연구들(기본생활습관교육, 소비자교육, 극놀이, 요리활동, 종일반 프로그램, 수학교육, 리더십교육, 언어교육, 동작교육, 문학교육, 전통문화예술교육)을 통해 생활주제 및 교육활동들이 새롭게 개발되어 소개될 필요성이 제기되었다. 아울러 연령에 따라 교육과정의

01 『창립 90주년 이화유치원 기념집』(2004)

02 *Ewha kindergarten: A photographic record*(2004)

학습 경험을 설정하고 효과적으로 조직하기 위해서는 계속성·계열성·통합성과 같은 준거가 적용될 필요성이 있어 이에 맞추어 개정이 이루어졌다.

만 3·4·5세『이화유치원 교육과정 운영의 실제』(36권)의 구성은 다음과 같다.

- 만 3세 생활주제(11권): (1학기) 즐거운 유치원, 나, 봄, 가족, 동물, 여름 (2학기) 교통기관, 우리나라, 소비생활, 가을, 겨울.
- 만 4세 생활주제(12권): (1학기) 즐거운 유치원, 나, 봄, 가족, 동물, 동네와 지역사회, 여름 (2학기) 교통기관, 우리나라, 소비생활, 가을, 겨울.
- 만 5세 생활주제(13권): (1학기) 즐거운 유치원, 나, 봄, 가족, 동물, 동네와 지역사회, 여름 (2학기) 교통기관, 우리나라, 환경 보호와 소비생활, 가을, 겨울, 유치원 졸업과 초등학교 입학.

이 지도서는 유아교육을 공부하는 학부생 및 대학원생, 유아교사, 유아교육학자, 유아교육 전문가 및 행정가, 심지어 학부모들까지도 기다렸던 것으로 출판과 동시에 유아교육과 관련된 모든 곳에서 유용하게 활용되고 있다.

2013년 10월에는 학기 초 학급 특성에 기반을 둔 학급별 인성교

01

02

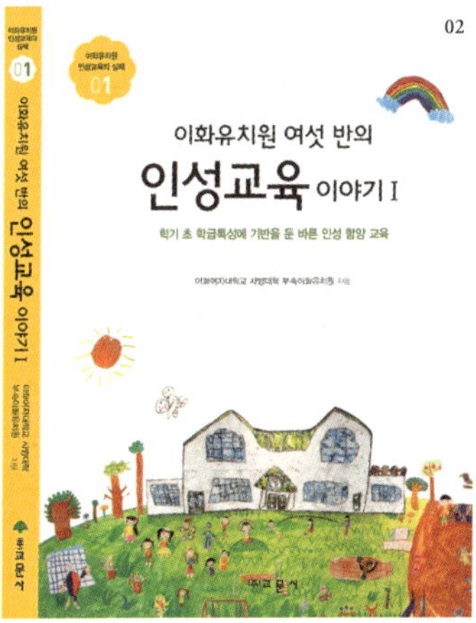

03

01 『만 3·4·5세 이화유치원 교육과정 운영의 실제』(2011, 2012)
02 『인성교육 이야기 I: 학기 초 학급특성에 기반을 둔 바른 인성 함양 교육』(2013)
03 『인성교육 이야기 II: 학급 간 교류와 협력활동을 통한 바른 인성교육』(2014)

육 사례를 『이화유치원 여섯 반의 인성교육 이야기 I』이라는 제목으로 출판했다. 이는 1914년 설립 이래로 이화유치원에서 가장 중요하게 여겨왔던 인성교육 프로그램을 더욱 발전시키고 체계화하여 실행한 교육내용을 담고 있는 것으로, 현장의 교사들뿐 아니라 여러 유아교육 관계자들에게 유아 인성교육의 실제를 알려줄 수 있는 저서로 인정받고 있다. 100주년을 맞이하는 2014년 8월에는 2013년에 이화유치원에서 새롭게 계획하여 실시했던 학급 간 교류와 협력 활동을 통한 인성교육 프로그램을 『이화유치원 여섯 반의 인성교육 이야기 II』로 발간함으로써 형제·자매 없이 외동으로 자라는 어린이들이 많은 현 시대 교육현장에 길잡이로 활용되고 있다.

05
한국 유아교육계에 대한 공헌

한국 유치원 100년사를 품은 최고의 모범적 유아교육기관으로서 수많은 국내외 참관객들에게 소개되다

이화유치원은 한국 유아교육의 100년사를 품고 있는 한국을 대표하는 유치원으로서 과거부터 현재에 이르기까지 국내외 방문객들에게 질 높은 유아교육을 보여주고 있다. 과거 1970년대에 이화유치원을 방문한 나라들이 영국, 일본, 태국, 필리핀 등 매우 다양했으며, 교육계 관련 해외 참관객들이 한국 관광 시 필수로 가봐야 할 장소로서 이화유치원을 꼽고, 관광 코스 중 이화유치원 견학이 허용되지 않으면 우리나라 관광을 취소할 정도였다고 한 점을 보아 당시 이화유치원의 위상이 어느 정도였는지 짐작할 수 있다.

한국의 모범적 유아교육기관인 이화유치원에 대한 해외 참관객들의 사랑과 관심은 현재까지도 계속되고 있다. 매주 화요일 외부인(국내외 교육계 인사, 장학사, 대학생, 대학원생, 교사, 원장)을 위해 유치원을 개방하여 유아들의 유치원 일과 운영에 방해가 되지 않는 선에서 참관을 허용하고 있는데, 연초에 미리 참관 예약을 하지 않으면 다음 해로 미루어야 할 정도로 참관을 원하는 사람들이 많으며 매년 국내외 교육계에서 2천여 명에 이르는 참관객들이 방문하고 있다.

전국 각지의 교육계 관련자들이 이화유치원을 방문하는 것은 물론이고, 덴마크, 독일, 미국, 벨기에, 싱가포르, 아제르바이잔공화국, 영국, 오만, 우즈베키스탄, 이라크, 인도네시아, 일본, 중국, 캄보디아, 캐나다, 태국, 필리핀 등 국외의 다양한 나라에서도 참관을 오고 있다. 참관객 중에는 국외 교육계 고위급 인사들도 있을 정도로 이화유치원 교육과정에 대한 국내외의 관심은 자못 크다고 할 수 있다.

이처럼 이화유치원은 한국을 대표하는 유치원으로 국내에서의 참관뿐만 아니라 국외의 교육계 고위급 참관객들의 끊임없는 관심

01 Auburn city schools central office 소속 교육 관계자 방문(2011)
02 홍콩 교육부 장관 외 관계자 방문(2013)

속에서 그 명성이 현재까지도 유지되고 있다.

한국 최초의 유치원으로서 최고가 되기 위해 끊임없는 노력을 하다

이화유치원은 과거부터 현재까지 선구자들이 일찍이 세운 교육적 신념과 사상을 바탕으로 이화유치원 고유의 교육과정을 수립하고, 이를 공개하고 공유하며 한국의 유아교육 발전에 힘이 되고자 노력해왔다. 그 결과 현재 한국의 유아교육은 많은 진보와 발전이 있었으며 교육의 질이 향상될 수 있었다.

'최초'라는 수식어가 반드시 '최고'만을 의미하지는 않는다. 최초라는 시작점에 서서 누군가의 길잡이가 되는 것에는 그만큼의 책임과 노력이 요구된다. 이화유치원이 최초이면서도 여전히 최고의 자리를 유지하고 있는 것은 '참된 교육'이라는 한 가지 목표를 향한 이화유치원 모든 교직원들의 끊임없는 노력이 있었기 때문이다. 최초라는 자리가 준 책임감은 교직원들에게 사명감을 심어주었으며, 그러한 사명감은 정체되지 않은 지속적인 노력을 가능하게 했다.

이러한 노력의 결과로 2005년에는 유치원 경영부문 우수유치원

01

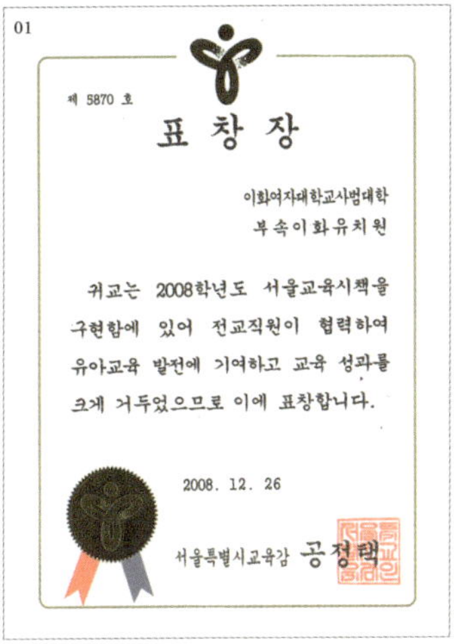
제 5870 호

표 창 장

이화여자대학교사범대학
부속이화유치원

귀교는 2008학년도 서울교육시책을 구현함에 있어 전교직원이 협력하여 유아교육 발전에 기여하고 교육 성과를 크게 거두었으므로 이에 표창합니다.

2008. 12. 26

서울특별시교육감 공정택

02

교육부

제 11776 호

표 창 장

이화여자대학교사범대학부속이화유치원

귀 유치원은 올바른 유아교육관과 투철한 사명감을 가지고 유치원 교육과정 운영의 내실화를 기하여 유아의 전인적인 성장을 도모하고 유아교육 발전에 기여한 공이 크므로 이에 표창합니다.

2013년 12월 20일

교육부 장관 서 남 수

01 학교경영 우수학교: 서울특별시 교육감상 수상(2008)
02 교육과정 운영 우수 유치원: 교육부장관상 수상(2013)
03 인성교육 최우수 유치원 선정 패(2012)

03

으로 선정되어 서부교육청 교육장상을 수상했고, 2008년에는 학교 경영 우수학교 분야에서 서울특별시 교육감상을 받았으며, 2010년에는 서울특별시 서부교육지원청으로부터 교육과정 분야 최우수 유치원으로 선정되어 포상금을 받았다.

2012년에는 교육과학기술부와 보건복지부가 공동으로 추진한 '바른 인성교육 우수 유치원·어린이집 공모 및 운영사업'에서 최우수 기관으로 선정되었다. 전국 400여 유치원과 480여 어린이집이 참여한 공모전 서면심사 및 현장심사에서 인성교육 계획 및 평가, 인성교육 내용 및 활동 방법, 교실 분위기 및 교사의 역할, 교직원 인성교육 역량 강화, 부모 인성교육 역량 강화 등 5개 모든 기준에서 우수한 평가를 받았으며, 3년간 사업비를 받아 인성교육 일반화를 위한 연구를 수행하게 되었다. 또한 2013년에는 교육과정 운영 우수 유치원으로 선정되어 이화유치원이 교육부장관상을 수상하는 쾌거를 이루었다.

한국 유치원의 모범이 되는 한국 최초의 유치원으로서 참된 교육을 널리 알리기 위해 지속적으로 해온 노력은 이처럼 최고의 유치원으로서 자리매김할 수 있도록 했다. 이화유치원은 오늘도 '한국 최초의 유치원', '최고의 유치원'이라는 이름 아래에 더 나아질 유아교육의 미래를 위해 힘쓰고 있다.

이화유치원 전경

연표

1914	손탁 호텔에서 한국인을 위한 한국 최초의 유치원, 이화유치원 개원 제1대 원장 브라운리 취임
1915	이화학당 내 심슨 홀로 이전 한국 최초의 유치원 교사 양성기관인 2년제 유치원사범과 설치
1921	유치원과 유치원사범과 전용 건물인 후퍼기념관 건축 후 정동 이화유치원(제1실습 유치원) 개원 아현교회 내 아현 이화유치원(제2실습 유치원) 개원
1928	유치원사범과가 이화보육학교로 개칭 후 독립
1936	신촌 이화유치원(제3실습 유치원) 개원
1940	제2대 김애마 원장 취임
1945	제2차 세계대전으로 임시 휴원
1947	제3대 클라라 하워드 원장 취임 정동 이화유치원과 신촌 이화유치원 재개원
1952	6·25 전쟁으로 부산 부민동 가교사에서 사범대학 부속이화유치원 개원 제4대 임봉선 원장 취임
1953	제5대 클라라 하워드 원장 취임 서울 수복 이후 정동·신촌 이화유치원에서 각각 부속유치원 개원
1955	제6대 이순일 원장 취임
1958	정동 이화유치원과 신촌 이화유치원 통합 단층 원사 신축 이전
1959	학급 증설(3학급 120명) 인가
1968	제7대 안희옥 원장 취임
1972	제8대 이정환 원장 취임
1977	『이화유치원 교육과정 및 운영』 출판
1978	제9대 이은화 원장 취임

1982	이화여자대학교 사회복지관 유아원(만 3세반)을 유치원에 병합 학급 증설(4학급 120명) 인가 제10대 반운경 원장 취임
1985	만 3세 학급 신설 2층 원사 신축 학급 증설(6학급 180명) 인가
1988	제11대 이정환 원장 취임
1992	『만 3·4·5세 이화유치원 교육과정 운영의 실제』 출판
1993	제12대 이은화 원장 취임 오후 재편성 종일반 시범 운영
1995	혼합연령 단독 종일반 신설 제13대 이기숙 원장 취임 '연구실험 우수 유치원'으로 교육부장관상 수상
1997	이화유치원 프로그램 비디오(국문판/영문판) 제작 및 시판
2001	『사진으로 보는 이화유치원』 출판
2002	『이화유치원 교육과정』 출판
2003	제14대 홍용희 원장 취임
2004	이화유치원 창립 90주년
2009	이화유치원 내 도서실 설치
2010	'어린이 놀이시설 안전관리법'에 부합하는 실외놀이 시설 신규 설치
2011	『만 3·4·5세 이화유치원 교육과정 운영의 실제(개정판)』 출판 제15대 엄정애 원장 취임
2013	'교육과정 운영 우수 유치원'으로 교육부장관상 수상 『이화유치원 여섯 반의 인성교육 이야기』 출판
2014	이화유치원 창립 100주년

참고문헌

- 안인희, 이상금(2003). 『애마 선생님 이야기』. 서울: 정우사.
- 이기숙(1981). 『단원자료집』. 이화여자대학교 사범대학 부속이화유치원.
- 이상금(1987). 『한국 근대 유치원 교육사』. 서울: 이화여자대학교출판부.
- 이상금(1995). 『해방 전 한국의 유치원』. 서울: 양서원.
- 이화 80년사 편찬위원회(1967). 『이화 80년사』. 서울: 이화여자대학교출판부.
- 이화 100년사 편찬위원회(1994). 『이화 100년사』. 서울: 이화여자대학교출판부.
- 이화여자대학교 사범대학(1994). 『사범대학의 역사: 1915–2001』. 서울: 에듀엔젤닷컴.
- 이화여자대학교 사범대학 동창회(1982). 『창조와 기쁨의 역사』. 서울: 이화여자대학교 사범대학 동창회.
- 이화여자대학교 사범대학 부속이화유치원(1959). 『어린이 노래 모음』.
- 이화여자대학교 사범대학 부속이화유치원(1962). 『유치원 안내』.
- 이화여자대학교 사범대학 부속이화유치원(1964). 『어린이 노래 모음(개정판)』.
- 이화여자대학교 사범대학 부속이화유치원(1970). 『노래동산』.
- 이화여자대학교 사범대학 부속이화유치원(1977). 『유치원 교육과정 및 운영』. 서울: 이화여자대학교출판부.
- 이화여자대학교 사범대학 부속이화유치원(1978). 『유아를 위한 즐거운 놀이』.
- 이화여자대학교 사범대학 부속이화유치원(1979). 『유치원 교육과정 및 운영(개정판)』. 서울: 이화여자대학교출판부.
- 이화여자대학교 사범대학 부속이화유치원(1985). 『유치원 안내』.

- 이화여자대학교 사범대학 부속이화유치원(1987). 『유아를 위한 즐거운 놀이(1차 개정)』.
- 이화여자대학교 사범대학 부속이화유치원(1989). 『유아를 위한 즐거운 놀이(2차 개정)』.
- 이화여자대학교 사범대학 부속이화유치원(1992/1995). 『만 3·4·5세 이화유치원 교육과정 운영의 실제』. 서울: 교문사.
- 이화여자대학교 사범대학 부속이화유치원(1996). 『유치원 안내』.
- 이화여자대학교 사범대학 부속이화유치원(2001). 『사진으로 보는 이화유치원』. 서울: 이화여자대학교출판부.
- 이화여자대학교 사범대학 부속이화유치원(2002). 『이화유치원 교육과정』. 서울: 교문사.
- 이화여자대학교 사범대학 부속이화유치원(2004). 『창립 90주년 이화유치원 기념집』.
- 이화여자대학교 사범대학 부속이화유치원(2011/2012). 『만 3·4·5세 이화유치원 교육과정 운영의 실제(개정판)』. 서울: 교문사.
- 이화여자대학교 사범대학 부속이화유치원(2012). 『유치원 안내』.
- 이화여자대학교 사범대학 부속이화유치원(2013/2014). 『이화유치원 여섯 반의 인성교육 이야기』.
- 이화역사관(2007). 『이화 110년사: 어제와 오늘』. 서울: 이화여자대학교출판부.
- 허길래 선생님을 사랑하는 사람들의 모임(1996). 『한국 유아교육의 선구자: 허길래』. 서울: 양서원.
- Brownlee, C. G. (1930). 『유희 창가집』. 이화여자대학교 사범대학 부속이화유치원.
- Brownlee, C. G. (1936). 『어린이진주』. 이화여자대학교 사범대학 부속이화유치원.

- Ewha Womans University Kindergarten(2004). *Ewha Kindergarten: photographic record*. Seoul, KOR: Ewha Womans University Press.
- Hill, P. S. (1932). 『활동에 기초한 아동 교육법[A conduct curriculum of the kindergarten and first grade]』 (C. G. Brownlee Trans.). 이화여자대학교 사범대학 부속이화유치원. (원전 1923년 출판)
- Howard, C. (1954). 『옥토끼』. 이화여자대학교 사범대학 부속이화유치원.
- Lorton, B. M. (1976). 『활동속의 창작적 놀이[Workjobs: Activity-Centered Learning for Early Childhood]』 (이기숙 역). 이화여자대학교 사범대학 부속이화유치원. (원전 1972년 출판)

이화유치원 역사 이야기

펴낸날 초판 1쇄 2014년 9월 25일
지은이 이화여자대학교 사범대학 부속이화유치원
펴낸이 김훈순
펴낸곳 이화여자대학교출판부
주소 서울특별시 서대문구 이화여대길 52(우120-750)
등록 1954년 7월 6일 제9-61호
전화 02) 3277-2965 (편집), 02) 362-6076 (마케팅)
팩스 02) 312-4312
전자우편 press@ewha.ac.kr
홈페이지 www.ewhapress.com
책임편집 이혜지
디자인 김리영
찍은곳 한영문화사

ISBN 979-11-85909-02-8 03900
값 16,000원

이 도서의 국립중앙도서관 출판예정도서목록(CIP)은 서지정보유통지원시스템 홈페이지(http://seoji.nl.go.kr)와 국가자료공동목록시스템(http://www.nl.go.kr/kolisnet)에서 이용하실 수 있습니다.
(CIP제어번호 : 2014025706)